# CURSO DE INTRODUCCIÓN AL PSICOANÁLISIS I

- La interpretación de los sueños •
- La enseñanza del psicoanálisis •
- Los actos fallidos •

AULA ABIERTA, 1

# CURSO DE INTRODUCCIÓN AL PSICOANÁLISIS I

• La interpretación de los sueños •
• La enseñanza del psicoanálisis •
• Los actos fallidos •

Josep Maria Blasco

Colabora
Carlos Carbonell

EPBCN
EDICIONES

Edita: © EPBCN — Espacio Psicoanalítico de Barcelona
Balmes, 32, 2º 1ª
08007 Barcelona
93 454 89 78
info@epbcn.com
http://www.epbcn.com

**1ª edición: Septiembre de 2017**
Copyright © Josep Maria Blasco
De la presente edición: © Espacio Psicoanalítico de Barcelona, 2017
Con la colaboración de: Carlos Carbonell
Maquetación: Josep Maria Blasco y Carles Fabregat
Portada: Carles Fabregat
Diseño de la colección: Carles Fabregat y Josep Maria Blasco
Depósito legal: B 21967-2017
ISBN-13: 978-1974330881.
ISBN-10: 1974330885

*A Juan Carlos De Brasi,*
*que supo ver*
*del manuscrito*
*la episteme matemática.*

# PRÓLOGO

Hay dos maneras, radicalmente distintas y hasta opuestas, de enfrentarse a una obra. Vienen descritas por relatos antagónicos.

En uno, el más habitual y extendido, la lectura tiene el propósito de intentar *extraer* del texto lo que suele denominarse su *contenido*. Para ello, se supone que disponemos de una serie de *instrumentos* de lectura: la formación académica; las lecturas y conocimientos anteriores; diccionarios, manuales y enciclopedias; internet; etc. Una vez extraídos los contenidos, se cree que se acumulan en algún lugar, definido con no mucha precisión («la cabeza»): se pretende que se han transformado así en *conocimientos*, a la espera de poder ser utilizados. En los exámenes son a su vez devueltos a su forma textual, mediante la que se *demuestran los conocimientos*, para verificar si los contenidos han sido incorporados y *asimilados* correctamente. En la mayoría de las demás situaciones, los conocimientos *se aplican* para resolver problemas, enfrentar situaciones, etc. Es el relato preferido por las distintas formas de capacitación profesional.

En otro, mucho más minoritario, el encuentro de la persona con el texto tiene un carácter completamente distinto. No se descuida ni ningunea, desde luego, la adquisición de conocimientos: eso constituiría un exceso que siempre debe ser denunciado. Pero se añade, además, la posibilidad de que suceda algo que, de producirse, resultará ser lo esencial: lo más íntimo del lector puede quedar alterado por lo que se lee, cambiado, trans-formado. Es como si el texto lo agarrase a uno por el cuello y no lo soltase; resulta imposible librarse del todo de él. Uno lo rumia, pero no termina de asimilarlo; muchas veces *repite*, como lo hace el ajo crudo. Se vuelve al texto, en la realidad o en el recuerdo, una y otra vez, en ocasiones en contra de la propia voluntad; nunca se está del todo seguro de haberlo captado bien. Parecería que el texto adquiriese una cierta autonomía frente a uno; ya no se sabe bien quién es el soberano. Oscilamos entre *yo leo* y *el texto me lee*. Leo el texto, pero soy a la vez leído por el texto. Lo degluto, pero él me deglute también a mí. Lo expulso: él me expulsa. Lo asimilo, pero él me asimila también. Devengo, en cierto sentido, el texto mismo.

A medida que eso sucede, voy *transformándome* en otro. Ya no soy el que era antes de iniciar la lectura. Me he de-formado, trans-formado, *formado*: he tomado otra forma. El lenguaje más banal, el de la publicidad, parece saber de ello mucho más que las autoridades académicas: se habla de libros *«de los que dejan huella»*, que *«no te dejan indiferente»*, que *«te obligan a posicionarte»*, que *«te marcan»*, hasta que *«definen una época»*.

Hay textos, los menos, que le hacen a uno eso: son los que más tarde demostrarán haber sido imprescindibles. Los más, los prescindibles, uno los transita y va olvidando a medida que los lee. En general, no se puede saber, de entrada, si un texto determinado va a producir o no ese efecto; eso sería demasiado fácil. El libro que ha impresionado a mi amigo puede no decirme nada, y a la inversa. Lo imprescindible no se separa aquí de lo particular. Hay también textos excepcionales, que parecen tener el poder de marcar a todo el mundo, en un sentido o en otro. En contados casos, ese poder de marcar se extiende a la totalidad de la obra del autor. Estamos entonces en presencia de un texto, de una obra, de un nombre propio, universalmente imprescindibles.

Es lo que pasa con Freud. No puede dejar indiferente. O apasiona o se lo detesta; en los dos casos se padece una pasión equiparable. No habla Freud de algo que pudiese no interesarnos, sino de lo que nos compromete de entrada, aunque sea porque no podemos librarnos de ello; de aquello que creemos más íntimo y suponemos, además, inviolable: de nuestros propios procesos psíquicos, de lo que coloquialmente denominamos «nuestros pensamientos», de «lo que tenemos dentro de la cabeza». Habla de ello, y da una teoría —por cierto, la única que existe— de lo psíquico. Habla de nuestro psiquismo: del «pensamiento», de por qué «pensamos» tan mal, de lo irracionales que somos (mientras pretendemos otra cosa), de por qué tan a menudo nos duele lo que llamamos «pensar»...

Compromete, transforma, implica. O se lo ama o se lo odia. Hay que saberlo. Por eso su estudio no puede ser descrito por el primer relato, ni puede aprenderse por completo en la Universidad. No se limita al contenido, a los conocimientos. El primer relato no puede explicar lo que produce. O, más bien, si la reacción es de rechazo, de odio, tiende a revestir de racionalidad esas reacciones viscerales.[1]

Es más honesto jugársela. No se puede pensar sólo con las vísceras, pero tampoco se puede pensar sin vísceras: produce clones sin esperanza, burócratas desvitalizados; gente muerta.

---

[1]Desarrollamos con un cierto detalle esta cuestión en la sección titulada *Pensar requiere poder internarse por lo desagradable en busca de la verdad* [p. 72].

# CONTENIDO Y ESTRUCTURA DE LA OBRA

El presente volumen agrupa las transcripciones de una conferencia inaugural y tres clases, pertenecientes todas ellas a la XX convocatoria del Curso de Introducción al Psicoanálisis organizado por el Espacio Psicoanalítico de Barcelona (EPBCN) e impartidas por Josep Maria Blasco en la temporada 2016-17. Carlos Carbonell ha realizado las excelentes y minuciosas transcripciones y ha comprobado la exactitud y correcta referencia de las abundantes citas freudianas. Los textos resultantes han sido revisados y parcialmente reescritos para facilitar su lectura, intentando mantener en lo posible la frescura y la secuencia de la exposición oral.

La asistencia a los cursos introductorios, cuyo carácter es divulgativo, es muy variada, por lo que acostumbramos a ensayar un discurso polifónico, con la intención de llegar al mayor número posible de alumnos. El reflejo de ese propósito podrá ser advertido en el estilo de las clases, la variedad temática de las interpolaciones y la diversidad de las preguntas y respuestas. Esa heterogeneidad del texto, inherente y buscada, constituye a la vez, según pensamos, una de sus riquezas; confiamos en que así lo apreciará también el lector.

La transcripción de la conferencia inaugural puede encontrarse en el capítulo titulado *Los sueños* [p. 15]. En él se intenta resumir de un modo esquemático la tesis fundamental de la obra más conocida de Freud, *La interpretación de los sueños* [8, 11]. Durante el curso se volverá en mucho más detalle sobre cada una de las cuestiones planteadas: el estudio de la teoría de los sueños ocupa once clases, no incluidas en el presente volumen.

Las clases corresponden a los prólogos y los primeros capítulos de la obra que se estudia en el curso: las *Conferencias de introducción al psicoanálisis* [7, 10] dictadas por Freud en las temporadas 1915-16 y 1916-17. En este volumen abarcamos, en sendos capítulos, además de los mencionados prólogos,[2] la conferencia introductoria[3] y un resumen de las tres siguientes, que constituyen una unidad y corresponden al estudio de los actos fallidos.[4]

El estudio de la obra freudiana puede resultar arduo si no se dispone de una sólida preparación

---

[2]En el capítulo titulado *Las conferencias introductorias* en la p. 63.

[3]En el capítulo titulado *La enseñanza del psicoanálisis* en la p. 75.

[4]En el capítulo titulado *Los actos fallidos* en la p. 115.

previa. Es por esa razón que hemos puesto todo nuestro esfuerzo en hacer comprensible el texto estudiado, utilizando para ello diversos expedientes.

Por un lado, hacemos aflorar su estructura argumentativa, extraordinariamente articulada, pero también diseminada en una ilación de largo aliento, lo que le confiere un estilo nada explícito, que a algunos les puede resultar inhabitual.

Por otro, hemos añadido numerosos esquemas, que ponen de relieve los diversos remachados conceptuales y también las relaciones lingüísticas que, en general, han resultado opacadas por la traducción. Finalmente, hemos intentado aliviar la exposición mediante el recurso a exposiciones actualizadas, cuando la articulación freudiana lo permite, y a conexiones con la actualidad cultural y científica.

El libro puede ser leído de forma autónoma, o bien utilizarse como complemento a la lectura de las mencionadas *Conferencias de introducción*; el que elija lo primero podrá encontrar un número suficiente de citas e inclusiones en línea como para no perder el hilo de lo que está en cuestión. Naturalmente, a los alumnos de nuestro curso les recomendamos que se decanten por la segunda opción y que, si tienen que elegir una sola obra, opten sin dudarlo por la freudiana.

## Sobre las notas

Las abundantes notas al margen refieren en todos los casos a las páginas correspondientes de la edición de las *Conferencias* traducida por José Luis Etcheverry y publicada por Amorrortu Editores, y se han insertado para facilitar la lectura de nuestro texto en simultaneidad con el de Freud; en esos márgenes, la notación «EP» significará «énfasis propio», mientras que «PA» identificará un «parafraseo». Para aliviar la notación, las referencias sin atribución de obra, tanto en las notas al pie como en las inserciones en línea, o bien son cruzadas o bien se refieren a la obra freudiana, lo que, en cada caso, debería resultar claro por el contexto. Las demás referencias, por último, están todas atribuidas, y remiten a la bibliografía que se encontrará en las páginas finales del libro [p. 219].

CAPÍTULO 1

———

# LOS SUEÑOS

## *Presentación*

El presente capítulo ofrece la transcripción de la conferencia inaugural a la XX convocatoria del Curso de Introducción al Psicoanálisis organizado por el EPBCN, celebrada el 3 de noviembre de 2016 e impartida por Josep Maria Blasco, en convocatorias de mañana y tarde.

Se trata de una clase inaugural, abierta y gratuita, que se celebra cada año, y a la que asisten tanto los alumnos matriculados en el curso como otras personas interesadas.

## 1.1  La *vulgata* psicoanalítica

Bienvenidos. Puesto que esta conferencia está convocada bajo el título de *Los sueños*, es probable, ya que están asistiendo a ella, que vengan con alguna idea sobre el psicoanálisis; quizá hasta con alguna idea sobre lo que *se dice que el psicoanálisis dice* sobre los sueños. Me expreso así porque es algo que sucede: *se dice que el psicoanálisis dice* determinada cosa, pero ¿*dice* realmente eso, el psicoanálisis? La misma pregunta, *mutatis mutandis*, se puede aplicar a muchos otros pensamientos, a los que se suele terminar por hacerles decir las cosas más absurdas.

Con el psicoanálisis y los sueños, entonces, es probable que hayan oído decir que [*el psicoanálisis dice que*]:

*Los sueños tienen sentido,*

y que

*Los sueños son realizaciones de deseos.*

Esas dos afirmaciones, enunciadas así, sin matizar, son claramente falsas. No pasan de ser una tontería, ya que cualquiera puede localizar, en su propia experiencia, sueños absurdos, que no parecen tener sentido alguno, y sueños desagradables, a veces muy desagradables, como las pesadillas. Eso no obsta para que esas afirmaciones hayan pasado a lo que podríamos llamar la *vulgata*[1] psicoanalítica: en general se repiten, de ese modo, muchas tonterías.

El trabajo que voy a intentar hacer ahora es el de situar esos dos fragmentos de *vulgata* en la continuidad que les devuelve su sentido: son fragmentos de la tesis central de Freud en su obra más conocida, *La interpretación de los sueños* [8, 11]. Desarrollar, aunque sea en esquema, esa tesis, es muy arriesgado, para la media hora de la que dispongo, de modo que espero que sepan disculparme cuando incurra en algunas simplificaciones. Durante el curso tendremos ocasión de desarrollar mucho más detenidamente cada uno de los puntos expuestos, que aquí sólo serán rozados.

---

[1]Del latín *vulgāta*, «divulgada», «dada al público». Metafóricamente: vulgarización muy popular, pero también llena de errores.

## 1.2  La cuestión del sentido

Lo primero que hace Freud es repasar lo que se ha dicho, históricamente, sobre los sueños. A partir de ahí extrae una lista, amplia, en la que enumera lo que los sueños no son. De esa lista, en esta ocasión, resaltaremos únicamente dos ítems.

> *Los sueños <u>no son</u>*
> *tormentas eléctricas en el cerebro*
> *ni contingencias.*

### 1.2.1  *Los sueños no son tormentas eléctricas cerebrales*

El primero: los sueños no son tormentas eléctricas en el cerebro. Una explicación de la existencia de los sueños podría basarse en una analogía: del mismo modo en que uno, cuando está nervioso o estresado, puede notar cómo le tiembla, de manera autónoma, un músculo, bien podría ser que, cuando se duerme, el cerebro, para relajarse, inervase aleatoriamente, por así decir, distintos grupos neuronales, lo que dispararía las correspondientes imágenes, recuerdos, etc. Freud se separa de esta explicación fisiológica de los sueños. ¿En qué se basa? Precisamente en que tienen un sentido. Pero ese sentido todavía no lo hemos encontrado; deberemos fundamentarlo después [p. 24], si no queremos incurrir en una petición de principio.

### 1.2.2 *Los sueños no son contingencias*

El segundo ítem nos va a llevar mucho más lejos. Reza así: *los sueños no son contingencias.* ¿Saben lo que es una contingencia? Técnicamente, se trata de aquello que, siendo, podría no haber sido: lo que coloquialmente se conoce como algo que ha sucedido «por casualidad». Un sueño, según esta idea, podría ser una contingencia: lo tuve, pero podría no haberlo tenido, o podría haber sido cualquier otro sueño y, en este sentido, precisamente por eso, no puede significar nada, no puede tener sentido alguno.

Para desmontar esta concepción, tendremos que remontarnos al cambio cultural que se inicia en el Renacimiento. Hasta ese momento, la creencia en los milagros era completamente aceptable. ¿Qué es un milagro? La acción de Dios en el mundo. Si se cree en los milagros, es perfectamente defendible que algo del mundo esté donde está, o haya pasado a estar ahí cuando antes no estaba, o haya dejado de estar ahí cuando antes estaba, o se haya transformado en otra cosa, pura y simplemente, porque Dios lo ha querido así. De igual manera, y en un sentido más amplio, podríamos creer que determinada cosa esta puesta en el mundo porque otro ser espiritual, por ejemplo el demonio, la ha situado en determinado lugar, para tentarnos, para desviarnos, o por cualquier otra razón que le sea propia. Como les decía, las explicaciones de este tipo, hasta hace relativamente poco, se consideraban algo perfectamente aceptable.

El movimiento hacia la ciencia moderna iniciado en el Renacimiento descarta de un modo radical esta clase de explicaciones: las cosas no pueden estar puestas, ni sacadas, ni transformadas, ni trasladadas, por Dios, ni por el demonio, ni por ningún otro espíritu ultraterreno. Se supone, como principio básico, no tanto que esos seres no existen (cosa que, en cualquier caso, es indemostrable, tanto en un sentido como en el otro), sino que no operan en el mundo. No es necesario Dios para explicar el mundo: con el mundo basta. Esto lo sostiene, en la actualidad, por ejemplo, Stephen Hawking,[2] pero ya lo enunciaban los físicos, por ejemplo, en la época de Napoleón Bonaparte.[3]

---

[2]Por ejemplo en su obra *El gran diseño* [20]. *Cfr.* tb. el artículo en línea de Pablo JÁUREGUI titulado «*Stephen Hawking: "No hay ningún dios. Soy ateo"*» [23].

[3]Una anécdota, probablemente apócrifa, atribuida a Pierre-Simon LAPLACE: al presentar una copia de su *Traité de Mécanique Céleste* a Napoleón BONAPARTE, éste le habría hecho notar que no había mencionado ni una sola vez al Creador. LAPLACE habría respondido: «*Je n'avais pas*

Ahora bien: si Dios ya no es necesario, para poder explicar las cosas del mundo sólo podremos recurrir al mundo mismo y, de ese modo, se instala la moderna idea de la causa en la ciencia. «Todo tiene una causa», se le hace decir entonces a la ciencia, «otra cosa es que la conozcamos». Cuando se enfrenta uno a un fenómeno natural, se le busca una explicación en términos de otros fenómenos naturales, en términos de las leyes conocidas de la física, etc. No conocemos todas las causas, pero suponemos que todo tiene su propia causa.[4]

Freud intenta pensar lo psíquico, coloquialmente podríamos decir «lo que tenemos en la  cabeza»,

---

*besoin de cette hypothèse-là*» («Esa hipótesis no me hacía falta»). Sobre la cuestion de la aprocrificidad de la anécdota, consúltese la Wikipedia [27].

[4]Incidentalmente, la versión degenerada de este argumento está basada en la siguiente derivación, que es una clara falacia: *si* todo tiene una causa, *entonces* lo que no tiene causa está fuera del todo (es decir, no es una cosa del mundo); *por tanto* (y el error está aquí) aquello de lo que desconozco la causa *no existe* (es «anticientífico», pues no tiene una explicación, que aquí se confunde con la causa). De este modo se sitúa a lo que se cree que es la ciencia en el lugar de lo que se pretende que desalojó, y se genera, una vez más, un fanatismo, en nombre de una supuesta superación de la religión.

Sobre la cuestión de la ciencia, ver tb. el apartado titulado *El catecismo de la ciencia* en la p. 176.

utilizando el paradigma científico.[5] Se hace preguntas que no habían sido formuladas nunca en relación a lo psíquico, cuando llevaban mucho tiempo habiéndolo sido en relación a las cosas del mundo.

Por ejemplo: si yo he pensado algo y después ya no lo pienso, *eso que he pensado, ¿adónde ha ido a parar?* ¿Ven qué pregunta más interesante? Aplicada a los procesos de pensamiento —claro está— porque, aplicada a la realidad, ya está completamente aceptado que se haga esa pregunta; la física ya la ha respondido: no es que ha venido el demonio y se lo ha llevado, no es que ha venido Dios y lo ha desmaterializado, etc. Pero con los procesos de pensamiento, no es habitual pensar así. Si yo pensaba una cosa y ya no la pienso, ¿qué se ha hecho con aquello que pensaba?, ¿adónde va a parar? Son preguntas extraordinarias, y también extraordinariamente fructíferas; en realidad, constituyen una de las líneas maestras que rigen la investigación de Freud, una línea extraordinariamente fértil.

*Por tanto* —y así se completa la argumentación freudiana contra la concepción de los sueños como contingencias—, puesto que todo tiene que tener una causa, no es aceptable, desde el punto

---

[5]Lo que no implica forzosamente que el psicoanálisis sea una ciencia: se trata de una cuestión independiente y mucho más compleja.

de vista de la ciencia, proponer que los sueños sean contingencias, que se ha tenido un sueño «por casualidad».[6]

## 1.3  Sentido e interpretación

Volvamos ahora a la tesis de Freud sobre los sueños. No son ni tormentas eléctricas en el cerebro, ni contingencias. Podríamos hacer una lista mucho más larga sobre lo que los sueños no son (Freud ciertamente la hace), pero con esto nos bastará para el tiempo del que disponemos. Entonces,

> *Los sueños <u>no son</u>*
> *tormentas eléctricas en el cerebro*
> *o contingencias,*
> *sino que tienen sentido.*

Ya hemos llegado a lo del sentido. Pero en esta formulación nos falta una pieza fundamental: tienen sentido... una vez interpretados:

---

[6]El mismo argumento se retoma, de un modo prácticamente idéntico, al estudiar los actos fallidos. *Cfr.* el apartado titulado *«Primera fuente: el pensamiento común. El argumento C de la contingencia»* en la p. 134.

> *Los sueños no son*
> *tormentas eléctricas en el cerebro*
> *o contingencias,*
> *sino que, una vez interpretados,*
> *tienen sentido.*

### 1.3.1  *No hay claves de los sueños*

¿Qué quiere decir «una vez interpretados»? Lo primero que salta a la vista, en la formulación freudiana, es que si un sueño no ha sido interpretado no puede tener sentido. Para el psicoanálisis, claro; para otras disciplinas o puntos de vista quizá tengan un sentido clarísimo, pero para el psicoanálisis, no. Un sueño que no ha sido interpretado no quiere decir absolutamente nada, desde la perspectiva analítica.

El hecho de que en general esto no se aprecie lo suficiente es lo que permite que una y otra vez se nos pregunte: «Oiga, yo soñé tal y cual cosa; esto, el psicoanálisis, ¿cómo lo vería?», y nosotros tenemos que contestar siempre lo mismo: «Si no interpretamos el sueño primero, no lo vemos de ninguna manera: el psicoanálisis no tiene nada que decir». Dicho de otro modo, no hay interpretaciones fijas, no hay traducciones constantes. No es posible confeccionar un libro de claves de los sueños, desde el punto de vista psicoanalítico.

Si esto no les ha desilusionado demasiado, dirán: «Está bien, cuéntenos, entonces, cómo se realiza esa interpretación a la que se refiere». Vamos a eso. Interpretamos los sueños tomando como materia prima varios materiales.

### 1.3.2 De lo subjetivo a lo objetivo: el relato del sueño

El primero es el *relato del sueño*. ¿Por qué me refiero al *relato* del sueño en vez de referirme directamente al sueño? Por una razón bastante clara, pero nada inmediata; es más bien una gran sutileza de Freud el haber reparado en esto. Permítanme una mínima excursión, que nos llevará enseguida de vuelta. No sé si han reflexionado alguna vez sobre esto que, por otra parte, es muy sencillo: si yo afirmo que esta botella está llena de vinagre, cualquiera de Uds. puede contradecirme y afirmar que, al contrario, se trata de una botella que contiene agua. Ante una discusión así, disponemos de procedimientos muy claros para dirimir la disputa: por ejemplo, realizar un análisis químico del líquido o, mucho más simplemente, constatar que no se aprecia en absoluto el olor característico del ácido acético, componente esencial del vinagre y, por tanto, no puede tratarse de éste, etc. Por otra parte, si el caballero dice «tengo frío», yo no puedo discutírselo: «¡Qué va!, lo que tienes es calor». Desde luego que eso lo hacen algunas personas: «Abrígate, que tengo frío», dicen ciertas madres; pero claramente se trata de un exceso. Lo que uno vive, lo que uno siente, no se puede discutir. ¿Por qué? Porque —y esto es esencial— no puedo meterme dentro de la cabeza del otro a ver si es verdad o no que tiene frío. Esto establece dos órdenes de cosas que requieren aproximaciones distintas y que podríamos denominar —más allá de que puedan ser más o menos cuestionables estas etiquetas— lo *objetivo* y lo *subjetivo*. Lo objetivo es consensual, discutible;[7] lo subjetivo no es vivenciable, observable, más que por aquél que lo experimenta y, en ese sentido, no puede ser objeto de discusión alguna.

Trasladándonos ahora de vuelta a lo que nos ocupa: con la vivencia del sueño, con la experiencia del sueño, no podremos trabajar. ¿Por qué? Porque es íntima, personal, subjetiva, indiscutible. Pero, en cambio, el relato del sueño, su enunciación, como lo denominan algunos, es un hecho objetivo. Entiéndasenos bien: lo objetivo es el relato, en el sentido de que es un objeto del mundo, en este caso un objeto material fónico o, si quieren ser más precisos, un acontecimiento audiovisual.[8] Puedo grabarlo, pue-

---

[7] En su sentido literal: susceptible de ser discutido. Lo mismo vale para lo que sigue.

[8] Se podría objetar que esta concepción es reduccionista, al descuidar toda una serie de otros factores, y en particu-

do filmarlo, puedo transcribirlo, puedo retroceder y volver a escucharlo, puedo discutir con otro si se ha dicho o no tal o cual cosa y —del mismo modo que con el problema del agua y el vinagre— dispongo de métodos aceptados por todos para resolver las disputas.

### 1.3.3  *La asociación libre, y el control*

Una vez tenemos el relato del sueño, se le pide al paciente que *asocie libremente*. ¿En qué consiste eso? En que diga todo lo que se le ocurre a partir de los elementos que componen su sueño. Por ejemplo, si ha soñado que está en determinada *casa*, que diga todo lo que le viene a la cabeza a partir de la palabra «casa». Nótese que esto *no* equivale a una incitación a la auto-interpretación: no le pedimos que nos diga *qué significa* esa casa, o de qué casa se trata, sino que nos comunique todo lo que se le ocurre a partir de esa palabra.

Y que lo haga *sin reflexionar*, esto es fundamental; pero también sin tener en cuenta si está en tema o no está en tema, si cree que hablar de eso lo va a curar o no, si es agradable o desagradable lo que está diciendo, si es ofensivo o no es ofensivo, si le da vergüenza o no le da vergüenza. Es decir, se le está

---

lar la dimensión irrepetible del acto; pero se trata de una sutileza en la que no nos interesa internarnos ahora.

pidiendo al soñante que haga algo que está completamente en contra de las reglas habitualmente aceptadas de la conversación. En una conversación normal, si cambio de tema abruptamente, soy un maleducado o estoy perdiendo la cabeza; si digo cosas ofensivas, me puedo meter en un buen lío; si no me centro en el tema, divago; si hablo de cosas que no tienen que ver con mi interés, suelo ser aburrido; etc. Pero además, y esto va siendo cada vez más importante en el momento actual, si hablo sin reflexionar me arriesgo, o al menos eso suele creerse, a *perder el control.*

La mayoría de la gente quiere tenerlo todo bien controlado. Se habla, así, de controlar las emociones, controlar los sentimientos, controlar el cuerpo, controlar los pensamientos. De hecho, y mucha gente confiesa que le pasa esto, hay muchas personas que, antes de hablar, pretenden formular primero en su cabeza lo que quieren enunciar, para pasarlo después por lo que —por así decir— sería una especie de comité de aceptación o de censura, a ver si lo que creen haber pensado está bien formulado, bien dicho, es aceptable, viene a cuento, y hasta a lo mejor si es inteligente, ingenioso, etc. Como resulta previsible, esta especie de tribunal interior dedica a esa operación tanto tiempo que, cuando ya creen tener lista su ahora pretendidamente impecable aportación (en caso de que lo consigan, cosa que no siempre sucede), han pasado varios minutos, se han perdido irremediablemente y se quedan sin poder decir lo que habían pensado con tanto esfuerzo, además de sin saber qué ha pasado en los últimos minutos. Como estrategia para conversar, parece más bien pobre, pero es un hecho que a mucha gente le pasan cosas como ésta. Al final, se quedan callados, un poco aislados, y terminan por considerarse un poco tontos, porque nunca encuentran la manera de intervenir.

Es el delirio de la época: lleve una pulsera que le monitorice constantemente la salud, las pulsaciones, el nivel de azúcar... Ahora hasta se han inventado un aparatito, me parece que lo llamaron *Lovely* (estaba en una ronda de financiación, creo que por *crowdfunding*, la verdad es que no sé si cuajó o no), que te lo ponías en la base del pene y te daba todo tipo de estadísticas en tiempo real sobre la física del coito: cantidad de empujones, longitud de éstos... Como tenía un acelerómetro, hasta las gravedades te medía. La fantasía es terminar con la preguntita típica, «¿qué tal estuve?», o «¿te ha gustado?», y que sea el iPhone el que nos diga, de un modo supuestamente «objetivo», que ella ha tenido, realmente, tres orgasmos, o que él se ha desempeñado con la exigible hombría, cuya medida estaría, además, tabulada. Uno no puede evitar preguntarse si al final los iPhones terminarán aprendiendo a fingir, o si algunas chicas se van a comprar un programa modificado para tranquilizar a sus amantes, o poder quitárselos de encima cuando no les interese demasiado el asunto.

Estamos, pues, en una sociedad muy partidaria de controlarlo todo. Y, en cambio, con la indicación de que se asocie libremente, se nos pide que hagamos justo lo contrario: «Hable sin controlar, sin reflexionar».

### 1.3.4  *El trabajo de interpretación*

Bien; una vez tenemos el relato del sueño y la asociación libre del soñante, necesitamos el trabajo del analista o, para ser más precisos, el *trabajo de interpretación*, como lo llama Freud (que no tiene por qué realizar únicamente el analista, pero esa simplificación tendría que valernos para lo que queremos hacer aquí). Para poder realizar ese trabajo, el psicoanalista tiene que haber estudiado a fondo la teoría psicoanalítica y tiene que haberla vivenciado en sí mismo en su propio análisis.

A partir de esos componentes, pues, extraemos el sentido del sueño. Fíjense en todo lo que hace falta, por eso si alguien viene y dice: «Soñé tal cosa, ¿qué quiere decir?», pues no lo sabemos. Habría que coger a esa persona, estar en un marco analítico, que se haya contratado un análisis, que se hayan establecido una serie de cosas que se tienen que establecer, que se asocie libremente (cosa que además no es fácil, hay que aprender a hacerlo), que la persona que hace ese trabajo esté capacitada para trabajar de analista, y entonces, si pasa todo esto, a lo mejor podemos averiguar cuál es el sentido del sueño.

Esto quiere decir, como ya dijimos antes, que el psicoanálisis no admite libros de claves, como esos libros que corren por ahí, «Conoce e interpreta tus sueños»: si vas en barca, votarás al pepé, si comes zanahoria, tendrás una almorrana en tu próximo viaje a Calahorra; en fin, todo eso.

## 1.4   La deformación onírica

### 1.4.1   *Los deseos intolerables*

Visto esto, estamos ya en condiciones de retomar la tesis de Freud y progresar un poco más:

> *Los sueños no son*
> *   tormentas eléctricas en el cerebro*
> *   o contingencias,*
> *sino que, una vez interpretados,*
> *tienen sentido.*
> *Entonces, revelan ser realizaciones de deseos.*

Antes de poner «deseo», necesitaremos introducir una palabra fundamental: realizaciones *disfra-*

*zadas* (otros dicen «desfiguradas», o «deformadas») de deseos; hay que entenderlo bien: es el deseo el que se disfraza en su realización o cumplimiento, no la realización la que se disfrazaría de deseo (algo que, por lo demás, no tendría mucho sentido).

> *Los sueños no son*
>     *tormentas eléctricas en el cerebro*
>     *o contingencias,*
> *sino que, una vez interpretados,*
> *tienen sentido.*
> *Entonces, revelan ser*
> *realizaciones* <u>*disfrazadas*</u> *de deseos.*

Ahora bien, ¿a qué nos referimos cuando hablamos de realizaciones de deseos *disfrazadas*? Aquí entramos en un terreno más nuclear: el hecho de que el ser humano no tolera bien todas las cosas que desea. Yo a ustedes los veo muy buenas personas y muy ordenaditos, pero seguro que tienen algún primo o alguna amiga que alguna noche se ha ido de farra por ahí y después, al día siguiente, se dice «¡Dios mío, qué he hecho!» o, todavía peor, «¿quién es esta persona que está durmiendo aquí conmigo?» o, sin llegar a ese extremo, «¿qué hice anoche?, no recuerdo absolutamente nada, pero me siento fatal». Después viene lo de ir corriendo, angustiadísimo, a preguntarle a uno y a otro de qué habló uno, qué dijo exactamente, con quién se metió, etc., para intentar quedarse tranquilo.

Cuando uno se emborracha, termina haciendo cosas. Ahora bien, ¿quién hace las cosas que uno hace cuando se emborracha? Uno mismo, ¿no? Esto, por lo visto, aunque parece elemental, no resulta tan fácil de ver. Recuerdo un titular que leí hace años —los periodistas, cuando se ponen, es que son unos genios—, decía: *Se fuma un porro y se corta el pene.* En serio. Leyendo la noticia, resulta que el tío lo había hecho a conciencia: se había fumado varios porros, después cogió un cúter —nada de unas tijeras o un cuchillo de cocina: un cúter, era un profesional— y, *¡chac!*, se lo cortó. Después lo echó al váter y tiró de la cadena; lo hizo bien a conciencia, como les decía. Pero claro, el titular, *Se fuma un porro y se corta el pene*, parece dar a entender que hay algo maligno y malintencionado en el porro mismo («¡niño, cuidado que no te pongan *drogaína* en el Cola-Cao!»), que te incita a cortarte el pene, como si fuese una personificación demoníaca del THC.[9] Qué tontería, ¿no? Hay mucha gente que se fuma un porro y después pinta un cuadro, o se junta de lo más tranquilo con un amante, o pone música... no todo el mundo va y se lo corta; de otro modo, éste sería un país de eunucos. La persona de la noticia era un pobre desgraciado que se quería

---

[9]Componente activo del *Cannabis.*

cortar el pene desde antes y se fumó un porro para poder hacerlo, para darse ánimos.

Me dirán: «Ay, entonces, ¿incluso eso que hice cuando iba borracho...?». Sí. «¿Y cómo es que me da tanta vergüenza?» Bueno, por eso: porque no estoy de acuerdo con lo que deseo. Con esos deseos que emergen en mí, por ejemplo, cuando me emborracho.

## 1.4.2  Consciente, preconsciente, inconsciente

¿Qué hago con esos deseos que emergen en mí y que no soporto muy bien, y con los pensamientos que los acompañan? En general, intento apartarlos. La gente lo dice muy claramente: «Que se me pase ya», «que se termine de una vez». Pero quizá, después, un día, cuando esté tranquilo, con una persona que me inspira mucha confianza, pueda hablar de eso que habitualmente no quiero ni ver. O sea que hay cosas que puedo mirar con mucha facilidad, cosas que no quiero mirar pero que están ahí, como lo que aparece el día que me alcoholizo y, siguiendo en esa línea, es muy fácil de concebir que haya también cosas que me producen tanto horror que ni siquiera de reojo puedo verlas, pues han pasado a situarse en un lugar demasiado remoto para ser vistas. A eso que ya no puedo ver se lo denomina *lo inconsciente reprimido*. Y eso reprimido es, justamente, lo que no puede aparecer en el sueño a menos que se deforme, que se disfrace, que se desfigure.

Acabamos de ilustrar, de una manera un poco burda —y esto habrá que fundamentarlo bien más adelante— lo que Freud llama *lo consciente, lo preconsciente* y *lo inconsciente*. Explicado de otro modo: está lo que estoy viendo, ahora os estoy viendo a vosotros; está lo que puedo ver, la pizarra que hay aquí detrás: si me giro, la veo; ahora no la estoy viendo, pero es susceptible de ser vista por mí; hay otras cosas que me daría más trabajo ver: para poder ver la Virgen de Montserrat no me alcanza con girar la cabeza, tengo que ir a Montserrat. Y hay otras cosas que, por mucho que haga, no las puedo ver: la estructura atómica de esta mesa, por ejemplo, por mucho que aguce la mirada no la voy a ver; no se trata de tener una mirada muy fina. Sin embargo, hay instrumentos que me permiten contemplar esa estructura.

Es muy sencillo: en esta analogía, que como todas no debe estirarse demasiado, lo que estoy viendo es lo consciente, lo que puedo ver es lo preconsciente, y aquello que precisa de un instrumento especial para poder ser visto es lo inconsciente. ¿Cuál es ese instrumento? El psicoanálisis: para ver los átomos necesitaría un microscopio de efecto túnel, pongamos, mientras que para observar lo inconsciente necesito el psicoanálisis.

### 1.4.3   El deseo de dormir

> *Los sueños no son*
> *   tormentas eléctricas en el cerebro*
> *   o contingencias,*
> *sino que, una vez interpretados,*
> *tienen sentido.*
> *Entonces, revelan ser*
> *realizaciones disfrazadas de deseos*
> *que preservan el dormir.*

Muy bien: pues, por la noche, algunos de los deseos inconscientes que tenemos intentan expresarse. El sueño funciona aquí como un mecanismo de arbitraje, como un regulador. Como si a aquello que quiere expresarse le dijera: «Bueno, va; exprésate, pero disfrazado, para que no me despierte». Si ese deseo inconsciente se expresase tal cual, me despertaría. Y, a su vez, al deseo de dormir le dijera: «Sí, podrás seguir durmiendo, pero no como un tronco: deberás tolerar que pululen en tus sueños tus deseos, aunque los disimularemos, los deformaremos, los disfrazaremos, para que no te despiertes». Por eso se habla de realizaciones *disfrazadas* de deseos: no pueden expresarse tal cual, para que pueda seguir durmiendo, para *preservar el dormir*.[10]

## 1.5　La realización de deseos

### 1.5.1　Noción de sexualidad

> *Los sueños no son*
> 　*tormentas eléctricas en el cerebro*
> 　*o contingencias,*
> *sino que, una vez interpretados,*
> *tienen sentido.*
> *Entonces, revelan ser*
> *realizaciones disfrazadas de deseos*
> <u>*sexuales, infantiles, inconscientes, reprimidos,*</u>
> *que preservan el dormir.*

¿Qué tipo de deseos son esos? En primer lugar, se trata de deseos *sexuales*. Dirán: «¡Ya está, ya me lo habían advertido! Estos psicoanalistas, todo lo reducen a lo sexual». Tampoco es que seamos inocentes del todo, a este respecto, los psicoanalistas: en determinada época, por ejemplo, algunos de la corriente kleiniana andaban viendo penes, senos y vaginas por todas partes. ¿Esta botella? Cla-

---

[10]Este aspecto se retoma en cierto detalle en el turno de preguntas, concretamente en la que reza «*¿Qué pasa cuando no te acuerdas de los sueños?*», en la página 53.

ramente, es un falo; además, si la aprieto, sale el agua disparada: no hace falta explicar el simbolismo. ¿Este bolígrafo? Otro falito; no muy grueso, la verdad, pero apreciablemente largo. Esto pasó a una especie de broma que ha devenido prejuicio.

Pero en realidad las cosas no son así. «Sexual», para el psicoanálisis, es *un término técnico*. ¿Qué quiere decir, «un término técnico»? Me imagino que han ido todos al colegio. ¿Se acuerdan de los números naturales? Pues los números naturales no son unos números muy enrollados, que toman el sol en pelotas y son súper-veganos, ¿verdad?

La palabra «natural», en matemáticas, no significa lo mismo que en el lenguaje común. Y los números primos no son hijos de padres que son hermanos, del mismo modo que los irracionales no son unos números más bien locuelos, ni los trascendentes se entregan por completo a la meditación, ni tienen los complejos un carácter especialmente difícil. Los números imaginarios tienen el mismo nivel de existencia que los reales; en fin: podríamos seguir indefinidamente.

Entonces, cuando en psicoanálisis se dice «sexual», no quiere decir lo que ustedes piensan. O, para ser más precisos, incluye lo que ustedes piensan, pero también muchas cosas más: escribir una novela, demostrar un teorema, o esculpir una estatua de la Virgen María.

Un ejemplo bastante divertido se encuentra en la llamada «Lactancia de San Bernardo». Me estoy refiendo a San Bernardo de Claraval: después, al salir, si lo buscan en Google, lo encontrarán rápido; les recomiendo la versión de Murillo. Les explico a qué me refiero. Quiere la tradición que a Bernardo, a la sazón un joven monje por aquel entonces, su abad le encargara que predicase. Muy nervioso, se encomendó a la Virgen en fervorosa oración, pero resulta que terminó por quedarse dormido. En sueños se le apareció entonces la Virgen, que le puso en la boca leche de su propio pecho, cosa que le confirió la virtud de la elocuencia. Esta escena, que ha sido pintada, se conoce como «La lactancia de San Bernardo».

No les será complicado imaginar el brete teológico-moral en el que se encontraron los pintores. ¿Cómo conciliar la idea de una virgen purísima (tan pura que fue virgen, como es bien sabido, *antes, durante y después del parto*) con la imagen, bien susceptible de ser cargada de erotismo, de un joven monje sorbiendo leche de sus senos?

El ingenio de los pintores supo encontrar un brillante compromiso: la Virgen, de aspecto castísimo, se encuentra, como es de esperar, en los cielos, que se manifiestan en el plano terráqueo en que se halla Bernardo mediante una especie de ventana ovalada, enmarcada por unas nubecillas pobladas de querubines juguetones y, como suele ser habitual, de aspecto más bien rechoncho. Desde esta especie de puerta de teleportación, María, sin perder por un instante ni un ápice de su virginal recato, deja entrever entre su ropaje un pudoroso y alimenticio seno. Y con celestial pericia, lo pellizca de un modo tan hábil que de él sale un chorrito inmaculado. Éste describe, a su vez, una parábola perfecta... que atraviesa el portal, para terminar su trayectoria justo en el centro de la boca abierta de un Bernardo que, *Lactatio* mediante, recibe de ese modo la ansiada elocuencia, sin haber tenido que rozar con sus labios, ni por un momento, el seno de la siempre castísima Virgen. La tradición, de este modo, ha sido ilustrada, se pretende, sin haber atentado en ningún momento contra el pudor.

Puede observarse aquí lo sexual jugando en una multitud de planos: negocia su entrada en su aparente desexualización, atraviesa los mismos cielos para llegar a la Tierra, describe trayectorias matemáticas, alimenta (y nunca mejor dicho) la palabra predicadora, establece la tradición religiosa, se añade al corpus artístico...

Vemos así cómo «lo sexual» a que nos referimos toca un montón de planos que en sí, desde la concepción común, no son sexuales; dicho de otra manera, el concepto de sexualidad en psicoanálisis está muy ampliado, va mucho más allá de lo establecido por el pensamiento común.

### 1.5.2 Lo inconsciente y el retorno de lo reprimido

> *Los sueños no son*
>     *tormentas eléctricas en el cerebro*
>     *o contingencias,*
> *sino que, una vez interpretados,*
> *tienen sentido.*
> *Entonces, revelan ser*
> *realizaciones disfrazadas de deseos*
> *sexuales, infantiles, inconscientes, reprimidos,*
> *que preservan el dormir.*

*Inconscientes.* Bueno, ya lo hemos rozado antes: no son las cosas que me cuesta mucho pensar, son *las que no puedo pensar en absoluto, pero están en mí.* Hay cosas que no quiero pensar y las intento dejar de lado, me las escondo a mí mismo; pero, a veces, ese *esconder* funciona tan bien que después ya no las puedo recordar.

Y aquí, otra vez, la pregunta de la física:[11] ese pensamiento, en el que he conseguido no volver a pensar nunca, ¿dónde está, dónde ha ido a parar? Desde ese punto de vista, si el reino del pensamiento funcionase como la física, tendría que estar en

---

[11] *Vid. supra* la p. 23.

algún sitio, no puede haber desaparecido y ya está. A eso que está en algún sitio y a lo que no puedo llegar mediante la conciencia, se lo denomina *lo reprimido*.

«Lo reprimido» también es un término técnico, no es la represión policial, que te saquen un ojo o te aporreen por defender tus derechos, como es habitual últimamente. Puedo hacer fuerza para no pensar en algo, pero eso sigue ahí, presiona en sentido contrario para ser pensado. También puede ser que esa fuerza funcione y entonces, *¡tac!*, se produce un cambio de estado,[12] eso que yo pensaba pasa a estar *reprimido*.

El problema con este mecanismo es que eso que está reprimido pugna por reaparecer. Del mismo modo en que uno puede creer haber olvidado un pensamiento doloroso, pero después, en determinadas circunstancias, por ejemplo al emborracharse, como señalábamos antes [p. 34], se encuentra con que ese pensamiento vuelve, eso feo, que queremos eliminar, siempre termina por volver; cuando menos lo esperamos, lo que creemos haber eliminado, lo que hemos reprimido y que no ha desaparecido sino que está en otro estado, también quiere volver.

---

[12]Otra noción importada de la física.

La diferencia es que no puede, por mucho que lo intente; pero, a pesar de eso —y esto no es una paradoja más que en apariencia—, para que no reaparezca, tengo que estar siempre intentando que no vuelva. *[Aprieta una mano sobre la mesa]* Y si después reprimo otra cosa, tengo que estar intentando que no vuelva, también; y si quiero reprimir más, no puedo, porque ya no me quedan manos.

Esto es una metáfora. Manos hay muchas, en este sentido metafórico.

¿Qué quiero decir? Que, con cada pensamiento que reprimo, una parte de mi ser debe ser destacada —en el sentido militar, como en «destacamento»— para garantizar que ese pensamiento no reaparezca; por eso, si quiero tener pleno control, me quedo sin energía.

Y también por eso, si mucha parte de mí está reprimida, no me queda ninguna fuerza. Y aun también por eso la terapia psicoanalítica funciona: porque, si me analizo, consigo deshacer estas represiones y voy recuperando mi fuerza, mi capacidad, mi potencia de actuar. Si no, no se podría explicar cómo funciona.

### 1.5.3   *La sexualidad infantil y la adulta*

> *Los sueños no son*
> *tormentas eléctricas en el cerebro*
> *o contingencias,*
> *sino que, una vez interpretados,*
> *tienen sentido.*
> *Entonces, revelan ser*
> *realizaciones disfrazadas de deseos*
> *sexuales, infantiles, inconscientes, reprimidos,*
> *que preservan el dormir.*

Y, por último, *infantiles*. Otra vez, «infantil» vuelve a ser un término técnico. Hay que ver, desde luego, a qué se refiere el psicoanálisis cuando utiliza ese término. Claramente, no está hablando de esos bebés gordos, realmente repulsivos, que aparecen en las películas como *Mira quién habla*, donde se les confiere de un modo precoz el don de la palabra para que puedan expresarse lo antes posible como un adulto con tendencias más bien fascistas. Eso no es un niño, es una aberración más entre las inventadas por la industria del *entertainment*.

Pero es cierto que los niños, cuando son chiquitos —y esto es una cosa que a Freud le granjeó muchísimas enemistades, a pesar de ser algo tan evidente—, a partir de una cierta edad, están todo el rato bajándole las bragas a la hermana, metiéndose debajo de la mesa para mirarles las piernas a las señoras... O les da por decir palabrotas, empiezan a decir «culo» cuatrocientas veces al día y no hay nada que hacer, al menos durante cierto tiempo. Esto es algo tan evidente que sorprende que hubiese podido llegar a ser ignorado.

Resulta claro, entonces, que los niños tienen sexualidad. Una sexualidad rara, distinta a la de los adultos, pero la tienen. Después, esa sexualidad, aparentemente, se les pasa un poco, alrededor de los siete años y hasta los diez, once, cuando acontece lo que se llama la *etapa de latencia*, esa temporada en que las madres dicen «¡ay, si se quedase siempre así!», porque ya saben o intuyen la que se les viene encima: la adolescencia, con todo el drama que conlleva, el enfrentamiento y, a la larga, una separación que siempre conlleva algo de dolor, a veces mucho. Por eso algunos autores han dicho que la sexualidad del ser humano tiene dos comienzos: uno en la etapa infantil y otro en la adolescencia. Un primer comienzo raro: le baja las bragas a la vecinita, a la hija de la portera, a la hermana, se mete debajo de la mesa para ver qué tienen las mujeres entre las piernas... Bueno, después, a algunos adultos, también les pasa eso. Por ejemplo, por lo que parece algunos japoneses se pasan todo el día haciendo fotos de las bragas de las señoras, hasta el punto de que en los metros han tenido que poner vagones sólo para mujeres, porque, si no, los muy desquiciados, ponen el móvil por debajo de las faldas y *¡hala!* A mí no me parece particularmente erótico, con las piernas sudadas y las bragas un poco sucias, no sé; pero, en fin, cada uno se divierte como puede.

Generalizando: algunas de las cosas que les pasan a los niños, en la llamada sexualidad infantil, después les siguen pasando a las personas mayores. La sexualidad de los adultos está edificada sobre los fragmentos de la sexualidad infantil. Fundamentar esto nos va a llevar tiempo también; pero ya tendríamos un esbozo, una panorámica del curso entero.

Retomemos ahora, pues, la tesis de Freud en toda su extensión; ahora ya podemos comprenderla.

> *Los sueños no son casualidades, ni contingencias, ni tormentas eléctricas, sino que, una vez interpretados, tienen sentido. Entonces, ese sentido revela ser una serie de realizaciones disfrazadas de deseos sexuales, infantiles, inconscientes, reprimidos, que preservan el dormir.*

Entonces, sí, es verdad: los sueños tienen sentido; e, igualmente, sí, es verdad: los sueños son realizaciones de deseos. Pero fíjense cuántas matizaciones y detalles ha sido necesario introducir, porque, si no, no hay manera de sostener esto.

La primera parte del curso, entonces, hasta final de febrero, unos cuatro meses, estará dedicada a desarrollar esta tesis en detalle. Y en la segunda parte, otros cuatro meses, de marzo a junio, nos internaremos en los vericuetos de la sexualidad humana mediante el estudio de lo que Freud denomina, en sus *Conferencias de introducción*, la *Teoría general de las neurosis*.

## 1.6  Preguntas y respuestas

*Trabajo de interpretación, trabajo del sueño*

PREGUNTA: *Has dicho que el sueño sólo tiene sentido si se interpreta; pero si una vez interpretado tiene un sentido, ¿no debería tener un sentido en sí? Dicho de otra manera, ¿no debe de haber una lógica intrínseca al sueño, para que éste pueda ser deconstruido?*

Claro, por supuesto. Tiene que ser así, pues de lo contrario sería imposible encontrarle sentido alguno, o ese sentido sería un puro invento, algo arbitrario, lo que en puridad convertiría en ilícito hablar del sentido *del* sueño. Al abordar esta cuestión, nos situamos en la parte teóricamente más compleja y acabada de la teoría del sueño. Partamos de lo expuesto: empezamos a trabajar con el relato del sueño [p. 26], pero el relato del sueño, pensamos, proviene de una vivencia; si el relato viene acompañado de la asociación libre [p. 28], mediante el trabajo de interpretación [p. 31] encontramos su sentido. Ahora bien: este sentido, ¿en qué consiste? En un conjunto de pensamientos latentes que rodean lo que Freud llama *complejos*, alimentado por una serie de deseos inconscientes. ¿Qué son estos complejos? Freud los define así:

99  *círculos de pensamiento y de interés de alto contenido afectivo.*

La hipótesis que se hace aquí necesaria, entonces, es que esos complejos —que descubrimos mediante la interpretación— son los que debieron haber producido, en primer lugar, la vivencia, que después se tradujo en el relato. Así se abrocha el círculo.

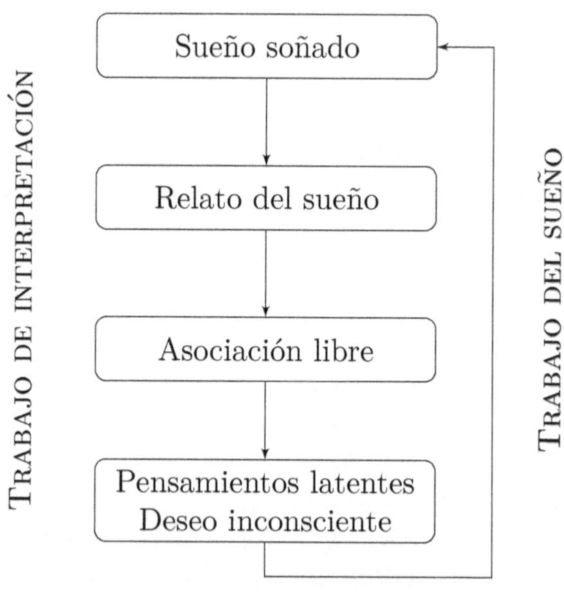


Por eso se distingue teóricamente entre el *trabajo de interpretación*, el que parte del relato y la asociación libre, que es un trabajo material, real, objetivo [p. 26], en el sentido de que podríamos filmarlo, grabarlo, etc.; y otro teórico, inobservable, pero no por ello menos real, que se denomina *trabajo del sueño*, el que produce en el soñante la vivencia del sueño a partir de sus complejos y deseos. Explicitar y fundamentar el funcionamiento de ese trabajo del sueño será nuestra tarea cuando iniciemos el estudio de la parte central de la teoría de los sueños.

* * *

*Influencia de la cultura en el sueño*

PREGUNTA: *¿Hay alguna influencia de la cultura en el sueño? Supongamos que en América la leche sea signo de virginidad, pero que cuando te trasladas a otro lado sea signo de algo distinto. El psicoanalista, ¿tiene que tener en cuenta estas cosas?*

Absolutamente; sí, claro. Por ejemplo, en el alemán que hablaba Freud (ignoro si todavía es el caso) parece que una expresión vulgar para decir «hacerse una paja» era «arrancarse una». Cuando un alemán de la época, entonces, soñaba que arrancaba algo, o que algo era arrancado, podía estar aludiendo a la masturbación; en cambio, en castellano es más complicado establecer esa relación.

Por tanto, claro que sí, hay que tener en cuenta el idioma, la cultura, el ambiente ideológico en el que está insertada esa persona, todo lo que ha vivido, la publicidad que le rodea, cuántos idiomas habla... Por eso Freud decía que el psicoanalista tenía que ser el hombre más culto de su época, cosa con la que no se refería a ningún tipo de erudición pedante, sino a estar bien enterado de lo que está pasando. Por ejemplo, si uno no sabe lo de la cobra de Chenoa[13] y viene el paciente y te cuenta algo sobre una cobra, pues no le puedes interpretar el sueño. Les aseguro que no tengo ni televisión, pero algo miro en el móvil cada mañana, tengo que estar más o menos enterado. Por otra parte, si el paciente es, por ejemplo, practicante de Yoga, entonces es probable que, para esa persona, la cobra adquiera otra significación.[14]

Igual que cuando estábamos con la campaña del *Estatut* en 2006:[15] si un paciente nunca me hablaba del Estatut, yo terminaba por pensar que estaba gravemente enfermo, con toda la que estaba cayen-

---

[13]Referencia de actualidad, en el momento de dictar la conferencia, a la cantante Chenoa y a determinado beso rechazado de su colega David Bisbal.

[14]Entre las posturas del Yoga hay una que se denomina precisamente «la cobra» [*Bhujangasana*].

[15]El *Estatut d'autonomia*, norma básica de Catalunya, que fue reformado entre 2004 y 2006, lo que generó un enorme ruido mediático, al que parecía imposible sustraerse [1].

do sobre el tema, en cualquier lugar que estuvieses. El psicoanalista tiene que tener en cuenta la cultura del paciente en su sentido más amplio, todo su sistema de referencias, precisamente porque lo que precisa el paciente es un traje a medida, no es algo *ready-made*. No se trata de realizar un diagnóstico y después aplicar algo concreto que ya estaría fabricado en otro lado. Si hiciese eso, no sería un psicoanalista, más allá de que esa aplicación pueda ayudar o no al paciente. Quizá funcione, pero estaría haciendo de psicólogo. Para hacer un traje a medida tengo que enfrentarme a esa peculiaridad, especificidad, diferencia absoluta, que presenta cada paciente, por eso es un trabajo tan complejo.

* * *

*El olvido de los sueños*

PREGUNTA: *¿Qué pasa cuando no te acuerdas de los sueños?*

En el sueño juegan dos fuerzas opuestas. Una de ellas es el deseo de dormir [p. 37]. Esto es tan obvio que puede pasar inadvertido y hay que señalarlo: cuando uno se va a dormir, lo que quiere es dormir como un tronco. A veces duermo como un tronco, tengo la sensación de que no he soñado y me despierto estupendamente, esto pasa mucho con las microsiestas, lo que los ingleses llaman *to take a nap*, aquí lo llamaríamos *echar una cabezadita*, en unos pocos minutos ya estás mucho mejor, en ese momentito ya te has regenerado.

También es obvio que, en general, los sueños nos perturban, nos alejan de ese ideal de dormir como un tronco. La máxima perturbación es la pesadilla, en la que me despierto angustiado. El sueño intenta conciliar mi deseo de dormir y la actividad de esos deseos inconscientes que intentan expresarse.[16] Entonces, desde esta perspectiva, si después conseguimos que se nos olvide el sueño, pues es fantástico, porque si no el sueño nos puede dejar un poquito preocupados. Es decir, si ese disfraz funciona bien, parte del disfraz consiste en que, además, de ese sueño me olvide por completo. Sería una operación más perfecta, que suele ser más habitual en personas con tendencia a los mecanismos obsesivos que en las que tienen tendencia a los mecanismos histéricos.

Y para contestarte en un plano más metafórico, pero no por ello menos importante: también estamos en un momento de la historia donde ya nadie

---

[16] *Cfr.* el apartado titulado *Lo inconsciente y el retorno de lo reprimido* en la p. 42 y la respuesta a la pregunta que se encontrará en la p. 212, en especial la discusión sobre el *retorno de lo reprimido*.

recuerda sus sueños, probablemente porque no le queda ninguno, se los han quitado todos. Vivimos en un momento en el que se equipara el sueño a la imposibilidad. Eso se repite de un modo muy machacón: «No hay alternativa, esto es lo que hay». A «marxista» parece seguirle invariablemente «trasnochado»;[17] con el psicoanálisis, lo intentan con la idea de *pseudociencia*.[18] Cualquier cosita que parezca que sirva para ir un poquito más allá de lo establecido, se lo cargan: «Esto es lo que hay, no hay alternativa». Hasta utilizan la palabra *utopía* para desacreditar las ideas («esto es utópico»); pero el ser humano, sin utopía, no puede vivir; sin soñar no se puede vivir; o, si lo quieren decir de otro modo, una vida en la que no se pueda soñar no es una vida humana. ¿Por qué? Porque si uno acepta que «esto es lo que hay», y después nos tenemos que aguantar, no está nada claro que valga la pena vivir. «No sueño nunca», o «no recuerdo mis sueños», también quiere decir esto.

* * *

---

[17] *Cfr.* la discusión más amplia sobre el tema que se encontrará en la n. 7 en la p. 70.

[18] En general, no saben de qué hablan, aunque también es cierto que la mayoría de los psicoanalistas tampoco entienden gran cosa sobre el tema.

*¿Puede psicoanalizarse quien no recuerda sus sueños?*

PREGUNTA: *Pero, entonces, a este tipo de personas, ¿cómo los ayudan, si no se acuerdan de los sueños?*

Lo que se aprende teóricamente sobre los sueños, después sirve para todo lo que dice el paciente, lo que pasa es que estudiar los sueños va muy bien, porque se entiende estupendamente cómo funciona el aparato psíquico. Si lo tuvieses que hacer a partir de un análisis general del discurso, o del análisis de la conducta y las aseveraciones de los neuróticos, sería mucho más difícil todo. Es por eso que a Freud le interesan tanto los sueños, no porque haya alguien que se pase todo el día contando o interpretando sueños, cosa que, por lo demás, es imposible. No es necesario que el paciente cuente sus sueños, nos bastará con que hable, con que asocie libremente [p. 28].

El trabajo analítico ya se puede poner en marcha sólo con eso. Cuanto más se acerque el que se analiza a hablar sin reflexionar, con más eficacia podemos operar. Hay pacientes que recuerdan los sueños y pacientes que no, pacientes que te cuentan los sueños y pacientes que no, y pacientes que se lo toman muy al pie de la letra y cuando se despiertan lo graban con el móvil, a la mañana siguiente lo escuchan y te lo vienen a contar fresquito, recién escuchado, y eso está muy bien, pero no es que *a priori* se pueda trabajar mejor con esos pacientes que con otros, porque lo que importa no es que te cuente el sueño, sino la calidad de la asociación libre y eso no tiene nada que ver con que recuerden o no sus sueños.

* * *

*Los sueños lúcidos y el afán de control*

PREGUNTA: *Los sueños vívidos, los sueños lúcidos, esos en los que eres consciente de que estás soñando y a la vez controlas el sueño, ¿dónde los encuadraría Freud?*

Es un tipo de sueño que se trabaja desde varios ámbitos, pero no desde el psicoanálisis. Lo cual no quiere decir que no se trate de un tema atendible, ni que no tenga su interés o hasta su importancia, por ejemplo para los que hacen meditación. Pero los psicoanalistas no trabajamos con ellos.

Ahora bien, quizás vale la pena introducir, también, un comentario más sobre esta cuestión. Una sociedad que quiere controlarlo todo, hasta las gravedades del empuje sexual, como veíamos antes [p. 30], parecería querer controlar también los sueños y hasta entrar en el sueño mismo y dirigirlo desde dentro. *¡Venga, todo controlado, hasta los sueños!* Habría que discriminar entonces, en cada caso, si se trata de una experiencia espontánea, que puede ser muy agradable; algo enmarcado en una investigación personal o un proceso de crecimiento, cosa que puede estar muy bien; o bien un deseo de extender el control hasta un ámbito que, en general, se había creído incontrolable, lo que merecería una calificación más bien siniestra.

* * *

*Sueño y premonición*

PREGUNTA: *Los sueños premonitorios, ¿son reales, significan algo?*

Claro, a todo el mundo le ha pasado: sueñas que pasa algo y, al día siguiente, eso sucede. Y también es verdad que a veces uno no ha pensado en una persona en diez años y, después de pensar o soñar en ella un día determinado, al día siguiente se la encuentra por la calle. Cuando suceden estas cosas, de entrada, uno no sabe qué pensar. Freud trabaja este tema y es bastante abierto: no se inclina ni por un sí ni por un no. Igual que con los sueños lúcidos [p. 57], el psicoanálisis no se ocupa de estas cosas: Freud mantiene una postura agnóstica frente a la existencia real de las premoniciones.

De hecho, en la vida suceden muchas cosas que no sabemos explicar. Por mencionar una que no parece especialmente esotérica y que le puede haber sucedido a cualquiera: cada uno habrá vivido, por su propia experiencia con alguna pareja, familiar, amigo o compañero de trabajo, que hay gente, por ejemplo, que, cuando está estresada o enfadada, genera ambientes muy tensos, como si exudase un campo invisible, como una especie de nube que parece acompañarla, de mala leche y mal ambiente. Esto es un hecho que cualquiera puede haber vivido, pero que no resulta tan fácil de explicar. Podríamos intentar reducirlo a la llamada comunicación no verbal, o a la emisión de algún tipo de hormona; pero si reflexionamos en el hecho de que a veces estas personas son capaces, por decir así, de llenar toda la casa de mal ambiente, y que se percibe su presencia aunque estén en la otra punta de la casa y sin que se sepa si están o no en ella, sostener esas explicaciones se hace más difícil. Es algo que no podemos explicar, pero, lo que es pasar, pasa. Pensar que lo que no tiene explicación conocida no sucede o no existe no es una visión sostenible del mundo.[19]

---

[19] *Cfr.* la n. 4 en la p. 22.

Ahora bien: volviendo a lo que preguntabas, también hay que resaltar algo que puede pasar inadvertido: en realidad, nos haría mucha ilusión que los sueños premonitorios existiesen. Freud sostiene que las sociedades primitivas estaban basadas en la magia y que los niños pasan, todos, por una fase mágica, antes de integrar un pensar racional. Históricamente, la religión viene después de la magia, y la desprecia y la proscribe (técnicamente, es un pecado); del mismo modo, la ciencia viene después de la religión y la considera innecesaria, superflua y basada en la superstición. El pensamiento de Freud nunca procede por superación: no es que primero pasa esto, después se supera y después viene otra cosa. Las cosas más bien tienden a ser indestructibles, en la teoría freudiana: cuando se atraviesa una fase de la existencia, esa fase sigue activa, aunque haya cedido su lugar a otra. «Como las sucesivas capas de lava en una erupción volcánica», dice Freud en varios lugares.[20]

Así, en cada ser humano —y en el pensamiento de la Humanidad entera— persistirían elementos mágicos y elementos religiosos, por mucho que uno quiera convencerse de que su pensamiento está regido tan sólo por directrices científicas (lo que por

---

[20]La cuestión de la superación de las ideas se retoma en cierto detalle en el apartado titulado *Las ideas y la obsolescencia programada* en la p. 70.

otra parte es absurdo porque, como acabamos de remarcar, se trata de un punto de vista que no puede explicarlo todo y, por tanto, es absolutamente incapaz de proporcionarnos orientación en la existencia). Dicho de una manera más simple: en cada uno de nosotros hay una parte, más o menos inconsciente, a la que le encantaría creer en la magia.

Y es que sería fantástico, ¿no?, que sólo con pensar en alguien esa persona viniese a mí. Esa es la idea de la magia: mi pensamiento, quizás algún gesto mío, pueden influir directamente en la realidad.

Por último —y esto también lo menciona Freud—, también es verdad que muchas veces soñamos con alguien y no nos lo encontramos al día siguiente y a eso, que nos parece de lo más normal, no le concedemos la menor importancia. Sólo se la concedemos a los casos en los que la persona aparece, que pueden ser una ínfima minoría, a nivel estadístico, probablemente hasta el punto de anular cualquier rastro de significatividad.

Lo más probable, entonces, es que, en la mayoría de los casos, la significatividad persista, pero ya no a nivel estadístico (lo que respondería por la negativa a la pregunta sobre la «existencia» de los sueños premonitorios), sino a nivel de revelar al soñante una cierta verdad sobre su deseo. Ese elemento de verdad sería, de ese modo, lo que fundamentaría la creencia en la «existencia» de tales sueños.

A este respecto, resultaría, entonces, muy rescatable una cierta función *intuitiva* del sueño (o de ciertos sueños, para no conferirle a esa función un carácter general, lo que sería abusivo). La puntualización freudiana se reduciría así a señalar que una tal intuición no forma parte de la maquinaria del trabajo del sueño, sino del reino —a cuya exploración el psicoanálisis quizá no haya prestado atención suficiente— de lo preconsciente.

---

# CAPÍTULO 2

# LAS CONFERENCIAS INTRODUCTORIAS

## *Presentación*

Este capítulo corresponde a la primera parte de la primera clase del Curso de Introducción al Psicoanálisis, celebrada el día 10 de noviembre de 2016 en convocatorias de mañana y tarde e impartidas por Josep Maria Blasco, y se centra en los dos prólogos freudianos a las *Conferencias de introducción al psicoanálisis*. El resto de la clase, en la que se realiza la lectura de la primera de las *Conferencias*, se ha trasladado, en el presente texto, al capítulo siguiente [p. 75], titulado *La enseñanza del psicoanálisis*.

La clase pronunciada incluyó también una serie de consideraciones relativas a la presentación del curso; éstas han sido reescritas y desplazadas a los capítulos introductorios.

## 2.1   Hablan de mí

La obra freudiana que empezamos a estudiar hoy está escrita en un tono muy coloquial, muy cercano. Está plagada de expresiones del tipo «ahora alguien dirá», «ya oigo a alguien que objeta», etc., como si se tratase de un diálogo con el público, casi una conversación. El lector puede llegar a sentir que está ahí, sentado, entre el auditorio; que Freud le está hablando también a él; resulta de lo más natural sentirse arrastrado, implicado, comprometido por el texto que se está leyendo.

Ya hicimos notar[1] que, en general, el psicoanálisis, o al menos la obra de Freud, tiene siempre, de alguna manera, esa característica: uno termina por sentir que se está hablando de uno mismo.

En el caso concreto de las *Conferencias de introducción al psicoanálisis*, se trata, en palabras de Freud, de

> *la reproducción fiel de las conferencias que di [en la Universidad] en los dos cursos de invierno de 1915-16 y de 1916-17,*

9

—es decir, que hace exactamente cien años,[2] lo que no carece de interés—,

---

[1] *Cfr.* nuestro *Prólogo* en la p. 7.

[2] [En el momento de pronunciar la clase — Ed.]

*ante un auditorio mixto de médicos y legos de ambos sexos.*

## 2.2 El discurso de Freud se dirige a la cultura en su totalidad

Es importante lo de «médicos y legos». Desde el principio, el discurso de Freud se dirige a la cultura en su totalidad, no sólo a los médicos. El psicoanálisis, desde luego, fue inventado por Freud, que era médico, y los primeros psicoanalistas fueron todos médicos. Pero ya en vida de Freud empezaron a practicarlo personas que no lo eran. De hecho, Freud tiene un artículo que se ha hecho muy famoso, *La cuestión del psicoanalisis profano* traducen algunos, o *El psicoanálisis laico,* o *lego,*[3] en el que defiende que, para practicar psicoanálisis, lo que hay que haber estudiado es... psicoanálisis, y no necesariamente Medicina.[4]

Debido a este particular origen histórico han quedado determinadas huellas, especialmente visibles en los textos de Freud, que hacen necesaria una serie de sustituciones sistemáticas: cada vez que se

---

[3] *¿Pueden los legos ejercer el análisis? Diálogos con un juez imparcial* [18].

[4] Y que haber estudiado Medicina no capacita en absoluto para practicar el psicoanálisis; lo mismo se aplica, como debería resultar obvio, a la Psicología.

lee «el médico», hay que traducir «el psicoanalista»; similarmente, «el paciente» significa «el que se analiza», el *analizante*, si quieren usar una expresión popularizada por Lacan. Enfatizamos esto porque la relación que se establece entre el analizante y el analista no está modelada en base a la relación médico-paciente, sino que se trata de algo completamente distinto.

La referencia a «ambos sexos» es también importante: los temas que el psicoanálisis trata, especialmente cuando aborda la teoría de las neurosis, se pueden considerar algo «fuertes». Y, además, las *Conferencias* fueron escritas en un contexto cultural en el que las mujeres, en muchos casos, tenían denegado el acceso y la discusión de tales temas, cuando no eran ellas mismas las que se lo prohibían. Ahora es más bien al revés, las facultades de Psicología están copadas por las mujeres, y los cursos de psicoanálisis, también; habría que dedicar quizás hoy, entonces, una bienvenida especial a los varones.

En cuanto a lo de «reproducción fiel», no se imaginan hasta qué punto eso es verdadero. Según sus biógrafos, parece ser que Freud tenía una memoria impresionante,[5] de modo que durante un año entero, al llegar a casa, después de cada conferencia,

---

[5] *Cfr.* JONES, Ernest: *Vida y Obra de Sigmund Freud (Volumen 2)* [21, p. 237].

transcribía su contenido con gran fidelidad. El año siguiente procedió al revés: primero escribía las conferencias y después las aprendía de memoria antes de pronunciarlas.

Esa característica del texto comporta, claro está, ciertas ventajas y también ciertas desventajas. Lo ventajoso es eso genuino, fresco, que le permite involucrarse a uno, sentir que estuvo allí; lo desventajoso es que, para mantener el interés del auditorio, y esto es Freud mismo quien lo dice,[6] ciertos temas han tenido que ser tocados varias veces, de modo que no está todo tan ordenado como podría haberlo estado en un tratado.

## 2.3  Unas conferencias no tan introductorias

En el segundo prólogo, escrito en 1930 para la traducción del texto al hebreo, Freud escribe:

10
*[Estas conferencias] no sólo ofrecían una introducción al psicoanálisis, sino tam-*

---

9
[6] *«El ordenamiento del material determinó también que muchos temas importantes, como el del inconsciente, no pudieran estudiarse exhaustivamente en un pasaje único, sino que debieran retomarse una y otra vez para volver a abandonarlos hasta que se presentaba una nueva ocasión de aportar algo a su conocimiento».*

> *bién la mayor parte del contenido de*
> *este último.*

O sea que de introducción no tiene tanto, el texto que vamos a estudiar. De hecho, en la primera página de la conferencia introductoria, escribe:

> *estoy obligado, por la letra de mi anun-* [13]
> *cio —«Introducción elemental al psico-*
> *análisis»—, ...*

Después, en el título del libro, desaparece «elemental», y en el prólogo de 1930 reconoce que el texto tampoco es especialmente introductorio.

Ahora bien: todas estas consideraciones eran aplicables, claro está, al momento en que se pronunciaron efectivamente esas conferencias. La teoría freudiana evolucionó mucho a partir de 1915, con la *Introducción del narcisismo* [16], *Más allá del principio de placer* [17], *El yo y el ello* [15], el desarrollo de la llamada segunda tópica y el concepto de pulsión de muerte, etc. A esos temas, que no están recogidos en las *Conferencias*, dedicamos el segundo año de nuestro Curso de Introducción.

## 2.4 Las ideas y la obsolescencia programada

Freud añade, a continuación, como al pasar, algo que centrará nuestro interés:

> 10 *Por tanto, las conferencias quedaron,* [con la evolución posterior de la teoría,] *en alto grado incompletas; sólo ahora tienen realmente el carácter de una mera «introducción». Pero, en otro senti-* EP *do,* tampoco han sido superadas ni están envejecidas.

Las conferencias no han sido «superadas». Retengamos esta palabra, «superado». Hoy día la gente tiende mucho a utilizarla: «el psicoanálisis está superado», por ejemplo, o «el marxismo está superado».[7] ¿Qué se quiere decir, exactamente, con es-

---

[7]Aunque para este caso es más frecuente entrar directamente en la descalificación *ad hominem* y tildar al supuesto marxista de «trasnochado». Puesto que la palabreja, que realmente se las trae, según la Real Academia, si se aplica a una persona, quiere decir o bien 1) «desmejorada y macilenta» o bien 2) «falta de novedad y oportunidad», inferimos que lo que se le imputa al trasnochado no es macilencia alguna, sino inoportunidad («¡Calla, niño! ¡Qué inoportuno, por Dios!») y falta de novedad («¡Qué lata! ¡Siempre con lo mismo!»). Dejemos de lado la extrema ramplonería política que destila toda la operación para centrarnos en la idea de *falta de novedad,* con la que convergeremos de inmediato.

to? ¿En qué sentido las ideas quedarían superadas? Y, además, *¿por qué cosa* serían superadas? ¿Por otras ideas más nuevas, más modernas o actuales, quizá *recién compradas*?

Tomemos como ejemplo el Teorema de Pitágoras. ¿A alguien le parece que esté, en algún sentido, *superado*? Lo seguimos usando sin problema, a pesar de que tiene unos dos mil quinientos años, exactamente igual hoy que entonces. Cuando una idea es buena, no se supera.

La noción, realmente bastarda, de *superación* proviene de otro ámbito: *el de los bienes de consumo*. Mi teléfono móvil, en efecto, quedará «superado», en cuanto me lo compre, por otro más potente, con más prestaciones, etc.: así tendré que comprar otro, para *renovarlo*, lo más rápido posible. Si se convence al consumidor de que tiene que tener siempre *lo último*, se convertirá en un comprador en serie. Para conseguir esa forma de mercado cautivo se ha inventado la monstruosidad de la denominada obsolescencia programada: da igual que yo no desee cambiar mi móvil cada dieciocho meses; dejará de funcionar bien de todos modos. Después, claro, hay que separar la basura, y reciclar para ser buenos. Pero la mentalidad del recambio ya ha dejado, en los desvalidos consumidores, su huella devastadora. Hasta se leen, en la prensa del corazón,[8] cosas como «X. cambia de novio», como quien le cambia los neumáticos a su coche.

Es una idea francamente peligrosa: estropea la vida de las personas, introduciéndolas en una *liquidez*[9] vital que causa estragos, también en su cabeza: el mundo de las ideas no se rige por la obsolescencia programada. Y la vida amorosa, tampoco.

Era cierto, pues, lo que escribía Freud, y sigue siendo cierto hoy día: se trata de una muy buena introducción al psicoanálisis. Por eso estudiamos ese texto, aunque tenga cien años, porque pensamos que está mucho mejor que casi todo lo que se ha escrito después al respecto.

## 2.5 Pensar requiere poder internarse por lo desagradable en busca de la verdad

Y, para ir terminando ya con los prólogos —estoy resaltando tan solo los puntos que quiero transmitir—, Freud aconseja a los lectores que «no se abandonen a una reacción de rechazo siguiendo los primeros impulsos de crítica y disgusto». Inmediatamente, añade:

---

[8]Es decir, en la actualidad, *toda la prensa no especializada*.

[9]*Cfr.* BAUMAN, Zygmunt: *Modernidad líquida* [2].

> *El psicoanálisis aporta tantas cosas nue-*
> *vas, y entre ellas tantas que contradi-*
> *cen opiniones consabidas y sentimien-*
> *tos hondamente arraigados, que no pue-*
> *de menos que provocar oposición al co-*
> *mienzo. Pero si uno suspende el juicio*
> *y deja que el psicoanálisis como un todo*
> *lo impresione, quizá llegue a la convic-*
> *ción de que aun eso nuevo indeseado*
> *merece conocerse y es indispensable si*
> *se quiere comprender el alma y la vida*
> *de los hombres.*

10

En efecto: algunas de las cosas que escucharán, de entrada, les dejarán un poco tocados. Al final de la primera conferencia, Freud insistirá en esto: el ser humano tiene tendencia a pensar que lo desagradable es falso, y que lo agradable es verdadero.[10] Pero no tienen por qué tener nada que ver. Por ejemplo, en este momento,[11] vuelve a ser presidente del país el Sr. Rajoy, lo que es muy desagradable pero, lamentablemente, verdadero; que sea desagradable no lo convierte en falso.

Del mismo modo, tampoco lo agradable tiene por qué ser forzosamente verdadero. Pensar requiere poder internarse por lo desagradable en busca de

---

[10] *Cfr.* la cita freudiana que se encontrará en nuestra p. 103.

[11] [Noviembre de 2016 - Ed.]

la verdad, y por lo agradable también, sin desviarse en ninguno de los dos casos; es decir, mis sentimientos de agrado o desagrado no deben influir en mi juicio. Esto, que en realidad es muy elemental, tiene que ser repetido una y otra vez, ya que tiende a olvidarse, especialmente en este momento histórico, donde abundan cada vez más la demagogia y la manipulación más descaradas. La misma admisión al uso de términos como «post-verdad» tiene un aire de suicidio intelectual colectivo.

# CAPÍTULO 3

# LA ENSEÑANZA DEL PSICOANÁLISIS

## *Presentación*

Este capítulo corresponde a la segunda parte de la primera clase del Curso de Introducción al Psicoanálisis, impartida por Josep Maria Blasco y celebrada el día 10 de noviembre de 2016 en convocatorias de mañana y tarde, y se centra en la lectura de la primera de las *Conferencias de introducción al psicoanálisis*, titulada *Introducción*. La primera parte de la clase, dedicada a los prólogos de la obra freudiana, se ha agrupado, en el presente texto, en el capítulo anterior, titulado *Las conferencias introductorias* (p. 63).

## 3.1  El fosforito amarillo, enemigo de la argumentación

Es muy interesante el juego retórico que encontramos nada más empezar la primera conferencia. Freud escribe:

> *Yo no sé cuánto* sabe *cada uno de ustedes acerca del psicoanálisis.*
>
> 13
> EP

Tomemos nota de que emplea el verbo «saber». Inmediatamente, añade:

> *Lo que sin duda puedo dar por supuesto es que ustedes* saben *que el psicoanálisis es una modalidad de tratamiento médico de pacientes neuróticos.*
>
> 13
> EP

Otra vez «saber». Si uno lee esta frase y detiene en este punto lo que se está diciendo, puede terminar interpretando que lo que Freud defiende es que «el psicoanálisis es una modalidad de tratamiento médico de pacientes neuróticos». Pues no, no dice esto; de hecho va a decir, casi de inmediato, exactamente lo contrario:

13 *Entonces puedo presentarles, acto seguido, un ejemplo de cómo muchas cosas ocurren en este ámbito de manera diversa, y aun directamente al revés, de lo que es habitual en el resto de la medicina.*

Entonces, preguntarán, ¿por qué dice «ustedes saben»? Es un modismo, a traducir como «ustedes piensan que...», fíjense en cómo empieza al principio, «yo no sé cuánto sabe cada uno de ustedes...». Es muy educado, no dice «yo no sé cuántos prejuicios tienen ustedes acerca del psicoanálisis, pero se los voy a deshacer», cosa que, por lo demás, podría resultar un poco violenta. «Ustedes sabrán» equivale entonces a *ustedes piensan y, precisamente por eso, voy a demostrarles justamente lo contrario*: las «cosas» ocurren «de manera diversa», «y aun directamente al revés».

Si uno lo lee de manera escolar, académica, con un marcador de esos de fosforito amarillo en la mano, «venga, va, vamos a hacer un esquema», lo más probable es que termine interpretando «al revés» a Freud. Por eso insistimos en que es necesario, al principio, hacer una lectura guiada, para poder aprender a leerlo. No para que lo lean como nosotros lo leemos, sino para que aprendan a leerlo por su cuenta. Por eso decía al principio de la reunión[1] que no se trata tanto de transmitir «contenidos» como de intentar *instalar, en cada uno, una operación de lectura.*

## 3.2  «Su conducta, su inteligencia, su docilidad, su perseverancia»

He aquí el primer aspecto que funciona «al revés»: en general, cuando acudimos al médico, éste nos anima, nos da seguridades con respecto al tratamiento, etc. Se sabe que la buena predisposición del paciente contribuye al éxito del tratamiento. [13]

Sin embargo, en un psicoanálisis, no podemos hacer eso, no podemos animar al paciente, «¡ánimo, esto irá estupendamente!», simple y llanamente, porque no tenemos, acerca de ello, ninguna seguridad. No lo sabemos. Por eso Freud escribe:

> *Le exponemos* [al posible paciente] *las dificultades del método, su prolongada duración, los esfuerzos y los sacrificios que cuesta y, en lo tocante al resultado, le decimos, nada podemos asegurarle; eso depende de su conducta, de su inteligencia, de su docilidad, de su perseverancia.* [13]

---

[1]Esa parte de la clase ha sido reescrita y puede encontrarse en nuestro *Prólogo* [p. 7].

No, como traduce Luis López-Ballesteros [14, p. 2125] —cuando haya un error grave de traducción lo vamos a mencionar—, de «su paciente sumisión a los consejos del médico». Realmente, aquí se pasa: los «consejos del médico», cuando un psicoanalista no da consejos, y además hay que «someterse», por lo visto, a ellos «pacientemente».

Freud no dice nada de esto. Remite a su *conducta*: no da igual lo que el paciente haga mientras se analiza, aunque haya gente que se comporte como si así fuese, «yo, como ya me analizo, pues puedo hacer lo que quiera». No da lo mismo: si empiezas a hacer el idiota, te estropeas la vida, y el psicoanálisis no te protege de esto. Es pedirle demasiado, equivale a creer que se trata de una especie de magia inmunizante, cosa que no es en absoluto.

De su *inteligencia*. «Ah, ¿entonces yo, que soy cortito, no me puedo analizar?». Tendremos que averiguarlo. Hay gente que es cortita porque es cortita y hay gente que parece cortita porque está muy neurótica; esto es así, por eso las medidas de inteligencia no significan gran cosa. A algunos, si les arreglamos la neurosis, resulta que eran inteligentes; también uno de los síntomas de la neurosis puede ser parecer tonto. Por eso, también, tiene un cierto interés —aunque pueda ser debatible— la noción de que existen diferentes inteligencias.

Su conducta, su inteligencia,... ¡su *docilidad*! ¿Qué quiere decir esto? Que le irá mucho mejor al paciente que, cuando su psicoanalista le proponga hablar de algo, se esfuerce por hacerlo que al que se dedique a enfrentarse con él, a pelearse con él, o intente hacerlo infeliz, o cualquier otra tontería; y es que en el tratamiento se tiende a cometer muchas, como intentar demostrarle al analista que se es absolutamente incurable. Si resulta que se quiere pelear con el psicoanalista, pues se vuelve todo más complicado. Esto debería de resultar fácil de entender.

Y, finalmente, de su *perseverancia*: en un tratamiento largo hay que volver sobre las cosas innumerables veces; uno se cansa, se desanima, siente que no progresa; quiere, una y otra vez, dejarlo; se enfada con su analista, o consigo mismo; piensa que podría dedicar su dinero y su tiempo a otra cosa con mayor beneficio. En todos los tratamientos pasa eso, en un momento u otro, de un modo u otro. Y ahí es donde hay que *perseverar*: sólo el que persevera atraviesa esas barreras, que son señuelos,[2] y alcanza, tal vez, la curación, lo que Freud denomina *la vida*.

---

[2]Técnicamente, lo que se denomina *resistencias*.

## 3.3 Deficiencias inherentes a la enseñanza del psicoanálisis

Freud se refiere a continuación a lo que él llama

13
> *las deficiencias que por fuerza son inherentes a la enseñanza del psicoanálisis y las dificultades con que tropieza quien desea formarse acerca de él un juicio personal.*

## 3.4 Primera dificultad: o el texto o yo

La primera deficiencia la enuncia Freud así: el psicoanálisis o, mejor dicho, las aseveraciones del psicoanálisis, van a despertar en nosotros cierta *hostilidad*:

13
> *[les] mostraré cuánto [deberán] vencer dentro de sí mismos para dominar esa hostilidad instintiva.*

Si me dedico a estudiar astronomía, me puedo pasar el día, por ejemplo, viendo cuáles son los cálculos para mandar una sonda a Marte (son complicadísimas estas cosas) o ya no digamos a Júpiter, calculando trayectorias, efectos catapulta para ahorrar combustible, y así sucesivamente. Cuando vuelvo a casa, hago lo mismo que todos los días, sin ningún problema; haber aprendido algo nuevo, digamos, sobre la estructura de la atmósfera de Júpiter, sobre sus tormentas, o sobre la órbita de Mercurio, o sobre las ondas gravitacionales, no me hace ver mi realidad de otro modo, ni a mis amistades de otro modo, ni a mí mismo de otro modo.

En cambio, cuando estudio psicoanálisis pasa una cosa completamente distinta. Aprendo algo sobre el psiquismo, sobre *el alma humana*, como se expresa a veces Freud, pero esto me incluye a mí. Sobre *el* psiquismo, sí, pero ¿el psiquismo de quién? *El de todos*, lo que incluye también al mío. He aprendido algo, para decirlo coloquialmente, sobre cómo me funciona la cabeza. Pero —y aquí viene lo esencial— lo que he aprendido no tiene por qué gustarme;[3] si lo tomase en serio, debería verme a mí mismo y a los míos de otra manera, considerar mi cotidianidad de otro modo. Lo más probable es que me inquiete: estaba mucho más tranquilo antes de saberlo. Se inicia así una lucha entre mi tranquilidad y mi saber: ciertamente, si lo que he aprendido fuese falso, podría yo volver a estar tranquilo. ¿No será, entonces, que lo que dice Freud es falso? Quizá el psicoanálisis esté equivocado. Por otra parte,

---

[3]La misma cuestión se aborda, con otro lenguaje, en nuestro *Prólogo* [p. 7] y en el apartado titulado *Pensar requiere poder internarse por lo desagradable en busca de la verdad* [p. 72].

lo que he estudiado está bien argumentado, bien explicado, se sostiene. A lo mejor son verdaderas sus afirmaciones. Pero, entonces, ¿qué hago con mi inquietud?

En esa lucha entre el psicoanálisis y la propia comodidad, a veces ganará el psicoanálisis, pero al precio de un cambio en la visión que uno tiene de sí mismo. Y a veces ganará la propia tranquilidad: se dejará el curso, y a tomar viento estas teorías. La asistencia irá clareando a medida que el curso progrese; es algo que siempre sucede.

En cada uno se producirá, con seguridad, esa batalla. Esto, obviamente, es una dificultad, una «deficiencia», como la llama Freud, que quizá no esperábamos. En cualquier caso, es algo que no pasa con la mayoría de los demás campos de estudio; por eso debe ser resaltado.

### 3.4.1 *Hacer un curso introductorio no capacita para trabajar*

Esto lo dice claramente Freud: saber un poquitín de teoría psicoanalítica no capacita para trabajar de psicoanalista. Para ser claros: saber mucho de teoría, tampoco. No se forma uno como psicoanalista simplemente estudiando; hay que psicoanalizarse también, durante muchos años, y cumplir además toda una serie de otros requisitos.

### 3.4.2   *El que juega a ser analista es muy pesado*

Tampoco es una buena idea ponerse a intentar aplicar lo que iréis aprendiendo con vuestra pareja, vuestra familia o vuestros amigos. No os lo recomendamos. Los estudiantes de psicoanálisis, a veces, se ponen muy pesados: «¡Huy, has cometido un *lapsus*!», «¡anda, pero si esto es un síntoma!». No lo hagáis, si queréis conservar a los amigos y a la novia.

## 3.5   Segunda dificultad: del ver al oír

Cada día se habla más, últimamente, de la *evidencia*. Por ejemplo, cuando se quiere combatir a las llamadas medicinas alternativas, se les opone la *medicina basada en la evidencia*. ¿Qué quiere decir, exactamente, «evidencia»? Es una palabra que se forma a partir del verbo latino *videre* (ver). Lo evidente, entonces, es, en primera instancia, lo que aparece con claridad ante mis ojos; en lo coloquial, lo evidente debe «estar clarísimo» y, si no, no es evidente, porque «no se ve claro del todo».

Es desde luego *evidente*, y valga aquí la redundancia, que el cartesiano privilegio cultural de lo claro y lo distinto ha permitido un desarrollo acelerado absolutamente inédito en la historia de la Humanidad. Pero también debería serlo que el exceso de ese privilegio corre el peligro de convertir a las nociones contrarias, a lo oscuro y lo indistinto, en impensables, o en signos y hasta sinónimos de lo anticientífico, lo irracional, etc.[4] La política, tal como se ejerce hoy día, es todo menos clara y distinta; ¿significaría eso que no podría ser estudiada (cuando ese estudio es, precisamente, algo cada día más urgente)? Lo mismo se aplica, también, al *marketing*, cuya misma naturaleza reside en el disimulo y la ocultación revestidas de una pretendida transparencia. O al derecho: para creer que la espesa maraña que se denomina pomposamente «jurisprudencia» está libre de contradicción hay que ser, vale decirlo, muy *imprudente*.

Una cierta tradición alemana, en la que Freud se enmarca,[5] no tiene empacho alguno en vérselas con lo oscuro y lo confuso; son los creadores del *Sturm und Drang*,[6] los filósofos del devenir, de la transformación, de lo procesual.

---

[4] *Cfr.* p. ej. el *Tratado de la argumentación*, de OLBRECHTS-TYTECA y PERELMAN [25], que comienza precisamente con esta crítica, y del que tomamos los ejemplos que siguen.

[5] Muy a pesar de las tendencias que lo quieren convertir en un neocartesiano, por muy populares que éstas hayan devenido.

[6] En español, *Tormenta e ímpetu*, un movimiento literario prerromántico.

En el mundo hay cosas claras y cosas oscuras, cosas distintas y cosas indistintas. Y todo puede ser estudiado. El propio Freud escribe a menudo: «Esto es lo más oscuro y, precisamente por eso, lo más interesante».[7] Desde luego, no le asustaba lo oscuro. No nos damos mucha cuenta de la importancia de esto; sin embargo, todos decimos «¡claro!» cuando entendemos algo o estamos de acuerdo o, a la inversa, «no lo veo nada claro» cuando algo no nos convence del todo. Estamos mucho más invadidos por el imperio de lo claro y lo distinto de lo que podemos reconocer.

Ahora bien, lo claro, ¿a qué remite? *Claramente*, a lo bien iluminado, en oposición a lo mal iluminado, lo que está quizá en la sombra, el claroscuro, el desfiladero, la cueva, la caverna. Lo claro necesita de la luz. Y la luz, ¿qué hace? *Viaja en línea recta*. Lo *recto*, lo *centrado*, refuerzan así su dominio frente a lo *desviado* («¡Ya te has vuelto a desviar!»), vecino de lo *perdido* («Perder el hilo»); lo que *da vueltas* («¡Deja de darle vueltas!»); lo *descentrado* (que se emparenta con la locura: «Es un descentrado»); lo *errático* («Siempre se va por las ramas»)...

---

[7] *Cfr.* la cita de la p. 55 freudiana en nuestra p. 193.

Sin embargo, en el psicoanálisis *no hay nada que ver*. La sesión transcurre como una simple conversación, una en la que, por lo demás, se incita al analizante, en la asociación libre, a internarse por lo *oscuro* y lo *sombrío* (confesando lo mal recordado, lo doloroso, lo que querría olvidarse y apartarse de sí); a no evitar el *dar vueltas* (puesto que sin dar vueltas no hay repetición, y sin repetición, sin redundancia, tampoco hay, en última instancia, no ya asociación libre, sino ni siquiera comunicación); a no intentar *centrar* la conversación (el diálogo analítico no tiene *tema*: la *representación final*[8] debe ser abandonada); a *errar* (la esencia misma de la asociación libre es un errar); a *perderse* (pues se encontrará justamente ahí donde tolere perderse);[9] a *irse por las ramas* (pues en ellas *están los frutos*)[10]...

Algunos autores[11] han señalado que, en esto, el psicoanálisis se acerca mucho más de lo que en ge-

---

[8]Lo que coloquialmente se conoce como «el tema» o, para ser más precisos, su punto de llegada. El paciente no debería intentar explicar nada, sino simplemente comunicar las ocurrencias que vayan acudiendo a la superficie de su mente, sin intentar dirigir su discurso hacia un punto determinado.

[9]A este respecto, consúltese la discusión sobre el mentir y la verdad que se hallará en la p. 169.

[10]Juan Carlos DE BRASI en sus *Flechas de pensamientos* [5, p. 67].

[11]Como, por ejemplo, François JULLIEN, un filósofo y si-

neral se ha advertido a la tradición china, en la que en vez de la luz y lo recto predominan cosas como el viento, el influjo, la alusión, la influencia. La vista, lo evidente, lo claro, quedan así destronados: salimos de lo acostumbrado, lo establecido en nuestra cultura.

Entramos, pues, en *terra incognita*. Esa es la dificultad.

### 3.5.1   *El psicoanálisis no tolera las prácticas*

Ese abandono del privilegio del ver, esa potenciación de la palabra, tienen por primera consecuencia que sea imposible realizar prácticas de psicoanálisis y aprenderlo de ese modo. En la medicina es habitual realizar prácticas: se observa, por ejemplo, cómo interviene un cirujano experto, y se aprende así la técnica, observándola, viéndola. Ahora bien, resulta obvio que ningún paciente toleraría confesar sus secretos más íntimos si, además de su psicoanalista, tuviese sentado a su lado a un estudiante de psicoanálisis pertrechado de una libretita: el flujo de la asociación libre se interrumpiría por completo. No se puede, pues, aprender psicoanálisis haciendo prácticas.

---

nólogo francés, en sus *Cinco conceptos propuestos al psicoanálisis* [22].

### 3.5.2  *El descrédito de la palabra*

Por otra parte, atravesamos un momento histórico en el que continuamente se desacreditan las palabras. «Una imagen vale más que mil palabras», dice el refrán, sin advertir —lo que debería incitar a la reflexión— que él mismo está hecho de palabras.

Si quieren otro ejemplo, tomen el *slogan* electoral de determinado partido de vocación mayoritaria en las elecciones catalanas de hace unos años: «Hechos, no palabras». Claro, se entiende lo que quieren decir: los demás prometen y no cumplen, dicen un montón de cosas y después no hacen nada; en cambio, nosotros no vamos a hacer eso, os vamos a colmar de realizaciones efectivas, de *hechos*. Se entiende. Pero también se olvida, a la vez, que la democracia no consiste, bajo ningún concepto, en poner los hechos por delante de las palabras. Cuando se hace eso, uno se ha instalado en el autoritarismo: se hacen las cosas y ya está, no hace falta explicarlas. En democracia las cosas se discuten primero, mediante las tan denigradas palabras. Es llamativo que esto se advierta tan poco y tan mal que terminen prosperando *slogans* así.

También hay padres que cuando castigan a sus hijos los mandan al *rincón de pensar*. O personas que, cuando un amigo les quiere contar algo en la discoteca, le interrumpen: «No pienses, tío; relájate; siente, tío: *¡fuá!*». Uno recibe la impresión de que si se dice una frase con dos subordinadas aparecerán los de seguridad.

Pero luego, en cambio, cuando me enamoro, según lo que ella me diga, soy el hombre más feliz del mundo o me hundo en la miseria. O mi jefe —suponiendo que tenga uno bueno, cosa que a veces pasa—: si he terminado un proyecto complejo con buenos resultados y me felicita, me siento estupendamente, mientras que, si no se reconoce mi trabajo, me deprimo.

Es así. Denigrar las palabras no es racional, pero se hace. De modo que, como el psicoanálisis opera exclusivamente mediante las palabras, puesto que es, en última instancia, una forma rara, experimental, de conversación, mucha gente va a decir «¡bah!, son sólo palabras, ¿cómo se va a curar nadie con unas palabritas?». Es irracional, pero hay quien lo piensa.


### 3.5.3 *Pruébenlo en casa*

El psicoanálisis, entonces, funciona mediante la escucha, pero se trata de una escucha que no admite testigos, lo cual imposibilita hacer prácticas convencionales de psicoanálisis. ¿Habría algún modo de poder comprobar por uno mismo si lo que dice el psicoanálisis es o no verdadero? Por suerte, sí, pero sólo hasta un cierto punto.

Me explico. *Sí*, porque uno mismo puede poner a prueba lo que vamos a desarrollar —algo que, por cierto, nadie hace, pero esa es otra cuestión—: pueden analizarse los propios *lapsus*, los propios actos fallidos; pueden, también, analizarse los propios sueños. En la medida en que uno lo intenta y tiene éxito, se convence rápidamente de la veracidad de la teoría.

*Sólo hasta un cierto punto*, porque no siempre se tiene éxito. Algunos actos fallidos son transparentes; otros nos entregan su sentido tras un esfuerzo relativamente menor; pero aún hay otros, los que hunden sus raíces en lo inconsciente, que no pueden ser interpretados por uno mismo. Algo similar sucede con los sueños: mediante la asociación libre podré, quizá, establecer el conjunto de los pensamientos latentes, pero no tendré acceso a los deseos inconscientes que los han animado durante el sueño.

Esto, que no es difícil de entender, puede ser, sin embargo, difícil de aceptar. Es muy frecuente que los pacientes primerizos nos digan «yo ya sé por qué me pasa esto»; nosotros no les decimos gran cosa, al principio, para que no se desanimen; pero es evidente que, si fuese cierto que conocen la causa, el mecanismo de su padecimiento, habrían podido solventarlo ellos solos, curarse ellos mismos, sin precisar de nuestra ayuda. Sin embargo, creen eso.

El *yo* humano es así: cuando no puede solucionar algo, se inventa que, al menos, lo ha fabricado él. Es una especie de premio de consolación.

### 3.5.4   *«Un analista experto»*

Por lo tanto, ¿cuál es la mejor manera de aprender psicoanálisis (aparte de estudiarlo, claro está, cosa que es imprescindible)? Prácticas con otros no podemos hacer; las prácticas con uno mismo son interesantes, pero tienen un límite claro. ¿Qué hacer, entonces? *Psicoanalizarse*, responde Freud:

> [Los] *progresos alcanzables por este camino* [el análisis de sí mismo] *encuentran límites precisos. Más lejos se llega si uno se hace analizar por un analista experto, si se vivencian en el yo propio los efectos del análisis y se aprovecha esa oportunidad para atisbar en el analista la técnica más fina del procedimiento.* [17]

Esto, que era verdad en tiempos de Freud, sigue siendo así; no hay otra manera. La mejor manera de entender la teoría psicoanalítica es «hacerse analizar por un analista experto». Si no, se lo comprende tan solo a medias, de una manera limitada.

## 3.6 Tercera dificultad: la tendencia a la explicación fisiológica

Es entretenido ver lo que se está haciendo con la manía de medir las cosas: por ejemplo, la medicina y la psicología «basadas en la evidencia» tienen una serie de *tests* en los que se intenta medir la angustia sentida... pidiéndole al paciente que se autoevalúe en determinada escala. Claro, si partimos de la base de que el psiquismo no existe, de la idea de caja negra, pues otro método no parece haber, aparte de enchufar al pobre tipo a una serie de máquinas, lo que, además de ser francamente engorroso, resulta carísimo. En realidad, se trata de algo un poco ridículo. ¿Por qué? Porque el ser humano *no sabe muy bien lo que le pasa.* Desde el punto de vista psicoanalítico, por ejemplo, la angustia siempre es inconsciente: cuando alguien dice «estoy angustiado», ya no se trata de angustia, estamos en otro tipo de proceso.

A cualquiera le puede haber pasado: «¿Cómo estás?» —«Muy bien» —«Oye, pues yo no te veo tan bien, pones cara de estar queriendo matar a alguien» —«¡Qué dices! ¿En serio? Pues yo no noto nada». Y al rato, quizá después de una conversación relajada y una copita de vino: «¡Ostras! Pues sí que tenías razón. Claro, no me daba cuenta, quiero matar a X.; ¿cómo ha podido hacerme esto?». El ser humano no sabe lo que le pasa, sabe lo que cree que siente, pero lo que cree que siente no es lo que realmente le pasa, y precisamente por eso no se puede medir lo que le pasa: porque, en general, no tiene ni la más remota idea de ello. Por eso la «recogida de datos» se hace imposible. Y por eso toda la pretendida ciencia que se hace con lo que la gente dice que le pasa es más que dudosa, lo que no quiere decir, por otro lado, que sus indicaciones no produzcan algún efecto.

El ser humano sólo percibe los contrastes. Hay gente, por ejemplo, que afirma no haberse sentido nunca bien. Pongamos que una persona así estuviese en lo cierto: nunca se sintió bien, en toda su vida. Si ahora le pidiésemos que puntúe de cero a diez su estado de felicidad, por poner un ejemplo, el infierno será cero, y el infierno suavizado, diez. ¿Cómo podría ser de otro modo, si no conoce otra cosa? Mientras que a otro, ese infierno suavizado le haría sentir francamente mal. La manía de medir roza aquí el ridículo, si no es que se ha internado de pleno en él.

Todo se quiere atribuir, en última instancia, a procesos bioquímicos, neurológicos: cuando pasa tal cosa, se disparan estas neuronas, y cuando pasa tal otra, estas otras. Por supuesto que por esa vía se han averiguado muchas cosas que son de lo más interesante. Pero el nivel conceptual no es el correcto para abordar lo que le pasa a la gente. Lo que le pasa a la gente tiene que ver con preocupaciones, obsesiones, pensamientos angustiantes, amnesias; algo del proceso de pensamiento se ha torcido: se han metido en un laberinto y no pueden salir solos. La solución no es siempre darles una pastillita que termina con las obsesiones (aunque en algunos casos pueda ser lo más indicado): se corre con ello el riesgo de que terminen por dejar de pensar de un modo permanente. La comprensión de lo que les sucede tampoco vendrá de un conocimiento más fino de las estructuras neurológicas. Se comete aquí un error muy grave, que tiene que ver con una comprensión deficitaria de lo que podríamos llamar la *metáfora hardware/software*.

Supongamos que el cerebro fuese un mecanismo comparable a un ordenador. Los pensamientos, entonces, serían estructuras de alto nivel dentro de ese ordenador. Aunque *el enunciado* de un pensamiento pueda ser muy sencillo, por ejemplo «tengo que ir a comprar el pan», los supuestos implícitos son casi infinitos: implican que el pan es comida, es algo que se compra, que hay una operación llamada «comprar» en la que intercambio unos papelitos y chapitas por mercancías, que esos papelitos y chapitas se llaman «dinero» y que el dinero funciona de tal y cual manera (que nadie termina de comprender bien del todo); que existe algo llamado «deber» que me indica lo que tengo que hacer; etc.

En un ordenador, si hubiese que comparar a los pensamientos con algo, sería con las aplicaciones, como el Word o el Excel, y no con las puertas lógicas. Del mismo modo que estudiar los flujos eléctricos en un ordenador no parece una buena manera de aprender cómo funciona el Word, para qué sirve y qué hace, estudiar el funcionamiento neuronal no parece la mejor manera de comprender el mundo de los pensamientos y de las representaciones. Del mismo modo que «me apetece tomar un vaso de agua» no significa «tengo la necesidad de ingerir por el orificio de entrada de mi aparato digestivo doscientos centímetros cúbicos de agua con determinadas cantidades residuales de otros elementos químicos».

Ese tipo de reduccionismo, además de resultar farragoso y bastante ridículo, elimina (es decir, *reprime*) el poder de evocación, de sugerencia, del lenguaje. En efecto, «me apetece tomar un vaso de agua» no es lo mismo si lo pronuncia quien está empezando una cura de desintoxicación por alcoholismo; si se trata de la última voluntad de un condenado a muerte; si interrumpe el flujo asociativo de un interlocutor que está resultando pesado; si es la manera de no gastar dinero en un bar por lo demás caro; si lo pronuncia un cleptómano coleccionador de vasos; etc. Está bien *para las máquinas*, no para los seres humanos.

El psicoanálisis no opera, pues, a nivel de las neuronas. No es una teoría de las localizaciones cerebrales; opera en otro plano. Pero para este plano, dice Freud,

18    *[nos] falta la ciencia auxiliar filosófica que pudiera servir [a nuestos propósitos].*

*El psicoanálisis*, escribe poco después,

18    *espera descubrir el terreno común desde el cual se vuelva inteligible el encuentro de la perturbación corporal con la perturbación anímica.*

E, inmediatamente, añade:

18    *A este fin debe mantenerse libre de cualquier presupuesto ajeno, de naturaleza anatómica, química o fisiológica, y trabajar por entero con conceptos auxiliares puramente psicológicos; por eso me temo que al principio les suene a cosa extraña.*

La «ciencia auxiliar filosófica», entonces, tendremos que ir construyéndola nosotros mismos, a medida que progresemos en nuestro conocimiento, ya que no está disponible, como algo ya preparado que podríamos usar.

## 3.7   Cuarta dificultad: la existencia del inconsciente

El psicoanálisis sostiene dos tesis con las que se gana la enemistad de todo el mundo. La primera, que es francamente bestia, dice:

> *Los procesos anímicos son, en sí y por sí, inconscientes, y los procesos conscientes son apenas actos singulares y partes de la vida anímica total.* [19]

Esto es muy, pero que muy, gordo. Que hay cosas inconscientes, de buenas a primeras, la gente hasta lo admite, o al menos le suena la idea; en lo coloquial se dice: «Creo que esto lo he hecho inconscientemente». Uno estaría dispuesto a admitir, quizá, que algunas cositas inconscientes hace; que tiene un pelín de inconsciente, vamos. Pero el resto es consciente, claro.

Pues no: lo que Freud realmente dice es que la vida anímica es *en sí y por sí inconsciente*, y que la consciencia es una partecita de todo el proceso anímico. Nada de un poquito de inconsciente: si acaso, un poquito de consciencia.

Esto es bastante bestia, como decía, porque hasta la época de Freud siempre se había identificado la consciencia con lo psíquico, y Freud se carga esa idea de un plumazo. Claro, al principio, esas afirmaciones produjeron una especie de repugnancia filosófica: ¿qué quiere decir algo psíquico no consciente?; si no es consciente, ¿cómo sé que es psíquico?; y ¿cómo se lo conoce, si no es consciente? ¿No se tratará de una pura especulación sin sentido real alguno?

Resulta difícil hacerse cargo del impacto que tuvo en su momento la tesis de la existencia del inconsciente. Como hace más o menos cien años de la publicación de las *Conferencias* y unos ciento veinte de la publicación de *La interpretación de los sueños*, y en todos estos años el psicoanálisis ha tenido un impacto impresionante en la filosofía, en la literatura, en el arte (por ejemplo, en el movimiento surrealista), etc., hoy en día la idea de la existencia del inconsciente está un poquito más aceptada, dentro de lo que cabe, aunque sea de un modo degradado y muy vulgar. Pero, en ese momento, la gente estaba absolutamente horrorizada con la idea de que pudiera existir algo psíquico no consciente: les parecía una contradicción en los términos.

Volvamos al texto freudiano:

> [La] *definición de lo anímico* [que establece el psicoanálisis] *dice que consiste en procesos del tipo del sentir, el pensar y el querer; y se ve obligado a sostener que hay un pensar inconsciente, hay un querer inconsciente.*    19

O sea que hay pensamientos que tenemos sin darnos cuenta de que los tenemos, hay deseos que tenemos sin darnos cuenta de que los tenemos y hay sentires que tenemos sin darnos cuenta de que los tenemos. En realidad, lo anterior [p. 99] era todavía más gordo: de la mayoría de lo que nos pasa no nos damos cuenta, sólo nos damos cuenta de una parte muy pequeña. Y encima, como vamos a ver después, aun eso de lo que creemos darnos cuenta, muchas veces, además, es mentira; andamos, por lo general, francamente errados al respecto. No es muy agradable enterarse de cosas como estas; mucha gente prefiere pensar que no son verdaderas.

## 3.8  Quinta dificultad: importancia de la sexualidad

La segunda tesis desagradable tiene que ver con algo que ya mencionamos con un cierto detalle en la clase inaugural [p. 39]. ¿Alguien ha ido a mirar, en la web, lo de San Bernardo de Claraval? ¡Ah, Ud. sí! ¿Lo vio? Claro, es que sale realmente la teta y el chorro de leche, no es que yo exagere.

Veamos lo que escribe Freud:

20

> *Mociones[12] pulsionales que no pueden designarse sino como sexuales, en sentido estricto y en sentido lato, desempeñan un papel enormemente grande, hasta ahora no apreciado lo suficiente, en la causación de las enfermedades nerviosas y mentales.*

---

[12]El estrafalario término «moción pulsional», con el que ETCHEVERRY pretende innovar, puede substituirse con ventaja por «impulso pulsional», cuyo único inconveniente es la cacofonía. BALLESTEROS lo traduce como «impulso instintivo» pero, claro, entonces el problema es la indiscriminación instinto/pulsión. Para una discusión sobre el origen y definición de los conceptos de «instinto» y «pulsión» en psicoanálisis, *cfr.* el apartado titulado título «*El inconsciente, la pulsión y los números naturales*» en la p. 106.

Las cosas que nos pasan, muchas veces, tienen raíz sexual. Actualmente parece estar más aceptada la idea de que la vida sexual que uno ha tenido, especialmente a una edad temprana, va a tener influencia en lo que venga después.

> *Y, más aún, [...] esas mismas mociones sexuales participan, en medida que no debe subestimarse, en las más apreciadas creaciones culturales, artísticas y sociales del espíritu humano.*    20

Con el ejemplo de San Bernardo de Claraval que puse la vez anterior [p. 39] no creo que tenga que insistir más en esto.

Freud termina con algo a lo que ya nos habíamos referido; se lo leo entero, que está muy bien escrito:[13]

> *Es propio de la naturaleza humana el inclinarse por tachar de incorrecto algo que no gusta, y después es fácil hallar argumentos en su contra. La sociedad convierte entonces lo ingrato en incorrecto y pone en entredicho las verdades*    20

---

[13]Para un desarrollo más amplio de la idea contenida en la cita, *cfr.* los apartados titulados *Pensar requiere poder internarse por lo desagradable en busca de la verdad* en la p. 72 y «*Primera dificultad: o el texto o yo*» en la p. 82.

*del psicoanálisis con argumentos lógi-
cos y fácticos, pero lo hace a partir de
fuentes afectivas y sostiene estas objeciones, en calidad de prejuicios, contra
todo intento de réplica.*

## 3.9   Preguntas y respuestas

*El inconsciente no se puede extirpar*

PREGUNTA: *¿Con la ayuda de un psicoanalista puedes llegar a conocer lo inconsciente y sacártelo?*

Ir conociéndolo puedes, desde luego, pero eso no lo agota, sigue habiendo inconsciente. Lo primero que piensa uno cuando se entera de estas cosas es «bueno; a lo mejor es verdad, que tengo un inconsciente de esos; pues ¡que me lo saquen!», como si fuera una enfermedad, un tumor que hay que extirpar. No es nada malo el inconsciente: sí, es la fuente de la neurosis; pero también la de la creatividad, del arte, de la ciencia, de la fuerza vital. No es algo que haya que eliminar: ni siquiera puede hacerse. Tengo un aparato cardiocirculatorio: puedo curarme de un problema circulatorio, de una cardiopatía, pero no puedo curarme de tener corazón o de tener venas; tengo aparato psíquico: puedo curarme de mis síntomas, pero no de tener inconsciente. A este nivel, es como el corazón: inextirpable. Esto es fundamental entenderlo, porque si no empezamos a pensar en el inconsciente como la fuente del mal, cuando Freud siempre defendió una visión muchísimo más amplia.

* * *

*El inconsciente, la pulsión y los números naturales*

PREGUNTA: *Había oído decir que el inconsciente sería algo instintivo, que tendría que ver con los instintos.*

Te contestaré de un modo un poco esquemático, ya que éste es un tema que desarrollaremos en detalle en la segunda parte del curso.

En alemán hay dos palabras equivalentes para denominar lo instintivo: por una parte está *Instinkt*, de clara raíz latina, y después está *Trieb*. Freud elige la segunda, que suele traducirse como «pulsión», para denotar lo que en el humano hace las veces de instinto, y reserva la primera, traducida como «instinto», para el instinto animal. En la jerga psicoanalítica, entonces, se dice que el ser humano tiene *pulsiones*, no *instintos*.

El instinto es un saber, que viene con el ser, adaptado al medio. Un perro sabe que tiene que comer determinada plantita cuando está empachado; después vomita un poco y se siente mejor. ¿Cómo lo sabe? ¿Cómo sabe el perro que tiene que comer esa planta? Lo sabe —lo que es verdaderamente increíble, si se reflexiona un poco en ello—, simplemente, *porque es un perro*. El ser perro, la *perritud*, viene con ese saber, y con tantos otros. Eso es el instinto.

En contraste con esto, el ser humano no tiene instinto alguno. O, para decirlo mejor, viene con muy pocos reflejos: el de succión, que le permite alimentarse del pecho de la madre; el de prensilidad, que no le sirve para gran cosa en las condiciones actuales; y poca cosa más.

¿Por qué no tiene instinto? Porque no hay entorno natural alguno al que pudiera adaptarse. Por el hecho de ser seres culturales, nuestra realidad cambia tan deprisa que el mecanismo de la evolución no tiene tiempo de desarrollar instinto alguno. En este momento histórico, por ejemplo, damos por supuesto que con pulsar un botón es suficiente para que se encienda la luz, mientras que hace muy pocos años eso mismo era inimaginable; lo mismo sucede con todo lo demás: el agua corriente, el aire acondicionado, etc.

Eso que hace las veces de instinto en el hombre, la pulsión, está tocado por el hecho de que somos seres culturales, seres que hablan. Y el lenguaje tiene propiedades, una *estructura*, si quieren utilizar un término que estuvo muy de moda, que no tienen mucho que ver con nuestro ser animal. Una estructura que le es propia, y que no se reduce a lo funcional, ni al contenido de verdad, ni al aspecto comunicativo. Esto no es fácil de explicar en el corto espacio del que dispongo, o sea que recurriré a una analogía.

Los números naturales y la geometría fueron inventados, al principio, para resolver cosas concretas, por ejemplo, para garantizar que las tierras de una herencia se repartían equitativamente entre los hermanos. Si uno tiene dos perros y les da de comer a la vez, cada uno irá a mirar al plato del otro a ver si le han puesto más que a él; al ser humano le pasa lo mismo, muchas veces durante toda la vida.

Una de las primeras utilidades de la agrimensura fue dirimir este tipo de conflictos: los terrenos tienen la misma medida, y ya está. Sin embargo, esos números naturales que fueron inventados para cuestiones prácticas tienen una serie enorme de propiedades; de hecho, tienen más propiedades de las que nunca podremos llegar a conocer, siempre nos estamos enterando de alguna nueva, por ejemplo, la famosa conjetura de Fermat, que fue recientemente demostrada por Wiles, con lo que pasó a ser un teorema. Eso no estaba implícito, de modo alguno, en nuestro propósito al inventar los naturales; pero al poner en marcha ese jueguecito, aparentemente tan sencillo, tan tonto, terminaron apareciendo estas cuestiones, literalmente infinitas.

Algo del mismo orden sucede con el lenguaje, y esa estructura del lenguaje, que no llegamos a conocer del todo nunca, se encuentra con nuestros instintos residuales, para dar origen a lo que denominamos la *pulsión*.

$* * *$

*Las llamadas enfermedades mentales y la descomposición de la personalidad psíquica*

PREGUNTA: *¿A qué le llama Freud enfermos neuróticos?*

Otra pregunta que corresponde a la segunda parte del curso: siempre es alentador encontrar, entre el auditorio, tantas ganas de anticiparse.

El artificio retórico que hemos señalado al principio de la clase,[14] el pasar de «ustedes saben que el psicoanálisis X.» a «el psicoanálisis Y.», o quizás directamente «el psicoanálisis no X.», Freud lo utiliza todo el rato, es algo realmente endiablado. Con las enfermedades neuróticas hace lo mismo: empieza diciendo «vamos a estudiar las enfermedades neuróticas» y termina afirmando que la diferencia entre el sano y el enfermo es simplemente una cuestión de grado, que no hay ninguna diferencia ontológica entre el supuesto enfermo y el supuesto sano, sino más bien una gradación, una continuidad. Él parte de lo que sabe que piensa su auditorio, es decir, de los prejuicios de éste, y los desarma, los deshace, los erosiona, hasta hacer aparecer otra cosa.

---

[14]En la sección titulada «*El fosforito amarillo, enemigo de la argumentación*» en la p. 77.

Por eso sostenemos que el psicoanálisis no es una psicopatología, no es una teoría de las enfermedades mentales, sino una teoría del psiquismo del ser humano, del ser humano en su conjunto, no sólo de los llamados neuróticos. Lo que le interesa a Freud de la histeria, la neurosis obsesiva, la fobia, la psicosis, etc., es que en cada una de ellas aparece *descompuesto* algo que en el psiquismo normal también se encuentra, pero siempre *en composición* con otros elementos, lo que lo hace más difícil de observar y, por tanto, de estudiar.

¿Qué quiere decir *descompuesto*? Un ejemplo sencillo de física básica nos puede ayudar a comprenderlo: si introduzco unos electrodos en agua no destilada y hago pasar una corriente eléctrica, el agua se descompone en hidrógeno, oxígeno, y las sales, metales y minerales que hubiera en el agua. Es uno de los modos de convencerse de que el agua, realmente, está *compuesta* de oxígeno e hidrógeno, algo que no se advierte a simple vista.

Del mismo modo, al estudiar las supuestas enfermedades mentales me entero —porque lo observo ahí descompuesto, se ve, por seguir el símil, a simple vista— de cómo funciona el psiquismo de todos los seres humanos. Por supuesto, aquí hay una serie de supuestos e inferencias que habrá que sostener y argumentar; lo haremos con todo detenimiento en la segunda parte del curso.

* * *

*El paciente eterno y la perspectiva analítica*

PREGUNTA: *Cuando llevas muchos años practicando el psicoanálisis como paciente, ¿no puede llegar un punto en el que ya sepas de dónde vienen todos tus síntomas, y lo único que hagas sea repetir lo mismo, o no afrontar las situaciones y, por eso mismo, necesites seguir analizándote?*

El psicoanalista no debe permitir que suceda una cosa así, es una forma de resistencia transferencial, el paciente se quiere quedar toda la vida para no tener que separarse de su analista: cree que si no mejora no le darán el alta y que, siguiendo siempre enfermo, conseguirá su objetivo.

Si el psicoanalista es deshonesto —cosa que puede suceder, como en cualquier otra profesión, aunque no sea, por suerte, demasiado frecuente—, encontrará en ese tipo de relación con los pacientes una forma sencilla y cómoda de ir procurándose una renta fija. Un psicoanalista honesto debería, por lo contrario, interpretar lo que está sucediendo y, si eso no tiene efecto alguno, darle el alta al paciente, aunque éste no esté de acuerdo. De todos modos, no es tan sencillo el tema: hay pacientes que, hagas lo que hagas, no se quieren ir y, de todos modos, uno siente que algún bien les hace seguir viniendo.

Por otra parte, también hay mucha gente que lo hace bien, se compromete, es inteligente,[15] es dócil, es perseverante; entonces cambian mucho, mejoran, se transforman. Cuando cambian mucho, pueden seguir, si lo desean, toda la vida, pero no a base de repetir o no afrontar, como tú señalas, sino pasando a planos distintos de análisis, no necesariamente sucesivos ni excluyentes entre sí.

Presento de un modo muy esquemático una cuestión que es enormemente compleja; me disculparás la inevitable sobresimplificación.

En su plano más sencillo, el análisis tiende a la liberación de los síntomas; en general, la gente suele hablar de lo que le pasó con papá, con mamá, con los hermanos... Es el famoso *complejo de Edipo*. Al principio suele producirse lo que algunos han llamado *luna de miel terapéutica*, el paciente se cura muy rápido de un montón de cosas y está encantado con el tratamiento.

En un segundo plano, aparece la llamada neurosis de transferencia: el paciente despliega, con su analista, con sus profesores, con los coordinadores

---

[15]Para la comprensión cabal de este párrafo, remitimos al lector al análisis efectuado en el apartado *«Su conducta, su inteligencia, su docilidad, su perseverancia»* en la p. 79.

y compañeros de su grupo terapéutico, con la secretaria, el núcleo de su neurosis. Repite con ellos lo que no puede pensar. Esto, desde luego, no es tan agradable como lo anterior; algunos pacientes no superan esta fase e interrumpen ahí su análisis.

En un tercer plano, se pone de relieve la estructura caracteriológica del paciente: empieza el análisis de los mecanismos privilegiados que han sido incorporados al mismo *yo* del paciente, el *análisis del carácter*. Este momento, que puede extenderse mucho en el tiempo, es sentido siempre como algo muy doloroso, ya que es percibido como un ataque contra la misma existencia del *yo*.

Más allá del análisis del carácter aparece *el mundo*, y una serie de preguntas. ¿Existe algo así como una persona *completamente curada*? ¿El análisis dura siempre, o tiene una duración determinada? ¿Existe el fin de análisis, o eso es un mito? Ante ellas se han ensayado todo tipo de respuestas, desde Freud en adelante, muchas veces contradictorias entre sí, dependiendo de la corriente analítica en la que uno centre su atención.

*El mundo* aparece por una cuestión muy sencilla de entender pero a la vez muy difícil de afrontar: si llego a estar «curado», más allá de que se pueda cuestionar si existe algo como la curación completa, ¿a qué mundo tengo que volver?, ¿con quién me quiero relacionar? «A una porquería de mundo y con un montón de neuróticos» no parece la mejor respuesta, aunque sea porque es algo que no se toleraría. En el horizonte del análisis aparece así la socialidad, la micropolítica, la ética. Si no se puede pensar esto no se entiende bien lo que se está diciendo cuando se repite el sintagma «dirección de la cura».

Por tanto, y hechas todas estas salvedades, sí, tienes razon: una persona que lleve veinte años de análisis y todavía esté hablando de papá y mamá es un enfermo, un enfermo creado por el psicoanálisis; algo que debe ser denunciado.

CAPÍTULO 4

———

# LOS ACTOS FALLIDOS

## *Presentación*

Este capítulo corresponde a las clases segunda y tercera del Curso de Introducción al Psicoanálisis, impartidas por Josep Maria Blasco y celebradas en el EPBCN los días 17 y 24 de noviembre de 2016 en convocatorias de mañana y tarde, y se centra en la lectura de las conferencias segunda [p. 22], tercera [p. 36] y cuarta [p. 53] entre las *Conferencias de introducción al psicoanálisis*, partes sucesivas de una unidad de la que tomamos prestado el título.

## 4.1  Introducción

### *4.1.1  Una investigación*

Lo primero que leemos en estas conferencias es que

> *No partiremos de premisas, sino de una*  22
> *investigación.*

Desde el punto de vista del *contenido* de la frase, Freud propone que realicemos una investigación juntos, sin supuesto previo alguno (esto es lo que es una premisa), lo que quiere decir que es posible poner a prueba, en la propia vida, si lo que estamos estudiando funciona como dice Freud. Se puede «probar todo en casa», por decir así.[1]

Si examinamos ahora la misma frase desde el punto de vista *retórico*, se nos hace aparente que se trata, también, de una forma de involucrar al público, de comprometerlo. No se le hace partícipe de una serie de conocimientos, sino que se lo invita a una reflexión conjunta, a una investigación compartida, en la que esos conocimientos irán aparececiendo como resultado de un camino trazado en común.

---

[1] *Cfr.* el apartado *Pruébenlo en casa* en la p. 91.

### 4.1.2 *Cualquier persona sana*

A continuación escribe:

22 *Como objeto* [de esa investigación] *escogeremos ciertos fenómenos que son muy frecuentes, harto conocidos y muy poco apreciados, y que nada tienen que ver con enfermedades puesto que pueden observarse en cualquier persona sana.*

Esto es esencial: estudia «fenómenos que nada tienen que ver con enfermedades» porque está convencido de que el descubrimiento del inconsciente o, en un sentido más amplio, los descubrimientos del psicoanálisis, constituyen una *teoría general del psiquismo humano*, algo que describe cómo funcionan todos los seres humanos, no sólo los llamados «enfermos mentales», o las personas que tienen un problema o afección determinados.

No hay que olvidar que Freud descubrió el psicoanálisis, en efecto, investigando las enfermedades mentales.[2] Al estudiar a sus enfermos, Freud empezó a descubrir el inconsciente, y se dio cuenta de

---

[2]Las histéricas del momento no eran poca cosa: remítanse, por ejemplo, si han visto la película, al papel de la actriz principal en las primeras escenas de *Un método peligroso*: nada que ver con lo que hoy día se llama «un neurótico».

que ese inconsciente que había descubierto era algo que tenían[3] todas las personas.

Ahí se encontró con un problema expositivo, de credibilidad de su argumento: *si expongo mis teorías sobre el inconsciente aludiendo a mi experiencia con enfermos mentales, me objetarán que ese inconsciente que creo haber descubierto lo tendrán, si acaso, mis enfermos, pero no las personas normales.* De hecho, Freud se había encontrado más de una vez con argumentos como éste. Eso lo obligó a buscar pruebas de la existencia del inconsciente en otros ámbitos, y de ahí sus grandes estudios sobre el sueño[4] (todos soñamos), los chistes[5] (a todos nos ha hecho reír un chiste alguna vez), y los actos fallidos[6] (todos hemos cometido, alguna vez, algún *lapsus*); el contraargumento queda, así, desarticulado antes de poder enunciarse.

## 4.1.3  Psicoanalizarse sin estar enfermo

Además, ello establece de entrada una diferencia esencial entre el psicoanálisis, por un lado, y la psicología y la psiquiatría, por otro.

---

[3]Si puedo expresarme por un instante así, ya que el inconsciente, en propiedad, no es algo que «se» tenga, o que alguien «tenga».

[4]*La interpretación de los sueños* (1900) [8, 11].

[5]*El chiste y su relación con lo inconsciente* (1905) [12]

[6]*Psicopatología de la vida cotidiana* (1901) [13].

Es cierto, uno acude al psicoanalista, la mayoría de las veces, aquejado por alguna dolencia, o con algún problema por resolver; eso es indudable. Pero, y aquí está el núcleo de esa diferencia, cuando uno supera la dolencia o resuelve el problema, puede, si así lo desea, continuar con su análisis, utilizándolo ahora ya no con un propósito psicoterapéutico, sino con el fin de realizar una indagación sobre sí mismo, con el objetivo de conocerse mejor, con la ambición de transformarse, etc.

No parece, por otro lado, tener mucho sentido visitar al psicólogo o al psiquiatra con el fin de realizar una autoindagación; nadie acude a ellos diciendo «mire, me encuentro bien, pero desearía conocerme mejor». Aun es más: si alguien lo hiciese, no sabrían muy bien qué responderle, puesto que no se les suministra preparación alguna para este tipo de cosas.

Si el psicoanálisis, entonces, puede ser utilizado, más allá de su vertiente terapéutica, como herramienta de crecimiento, de transformación personal, es justamente porque no es una teoría de las enfermedades mentales, sino una teoría del psiquismo de todos los seres humanos: es lo que hace que sea posible psicoanalizarse sin necesidad de estar previamente enfermo.

### 4.1.4  *Sobre la denominación «actos fallidos», y las diversas traducciones*

En una época en la que proliferan artefactos como «la relación Universidad-empresa», en la que se denuestan las carreras «puras» como Matemáticas o Filosofía por ser «inútiles», y en la que la mayoría de grados universitarios no son más que formaciones profesionales glorificadas, resulta difícil hacerse cargo de lo que representaba, en su momento, el nivel cultural medio de una persona culta en la zona geográfica y la época de Freud; volveremos sobre ello más adelante [p. 134].

Por ejemplo, Freud explica que aprendió castellano para poder leer el *Quijote*.[7] ¿Ustedes se imaginan a sí mismos aprendiendo alemán para poder leer a Goethe? ¿Verdad que no? Pues eran cosas que se hacían, en esa época; al menos, Freud las hacía.

Precisamente, el castellano es una de las primeras lenguas a las que fue traducida la obra de Freud. La traducción, alentada por Ortega y Gasset, la realizó Luis López-Ballesteros y de Torres, y es la que pueden encontrar  no sólo en la edición

---

[7]Detalle recogido en la *Carta al señor Luis* LÓPEZ-BALLESTEROS Y DE TORRES, fechada en 1923 [9].

de Biblioteca Nueva, sino también en otras que se basan en ella, como las de RBA o Alianza Editorial.

López-Ballesteros realiza una traducción excelente desde el punto de vista literario, pero tiene algunas pegas, que iremos señalando cuando sea preciso, debidas tanto a deslizamientos ideológicos (p. ej., que la homosexualidad sería una «tara»,[8] o la expresión «paciente sumisión a los consejos del médico» examinada más arriba [p. 79]) como a imprecisiones conceptuales.[9] En cambio, la versión de Etcheverry, publicada por Amorrortu, es mucho más precisa, pero, también es cierto, bastante más aburrida, como burocrática, y a veces innecesariamente pedante, de tan técnica.

Pues bien: Ballesteros tradujo lo que propiamente serían «operaciones fallidas» por «actos fallidos» y la expresión «acto fallido» pasó al lenguaje común, razón por la cual Etcheverry utiliza ese mismo sintagma en la traducción de los títulos de las correspondientes conferencias.

---

[8] *«Estos individuos [...] no presentan, fuera de esta triste anomalía,* ninguna otra tara» [14, p. 2312, énfasis propio].

[9] La más notable y conocida es la indiscriminación del uso, claramente diferenciado en FREUD, de las palabras alemanas *Trieb* (pulsión) e *Instinkt* (instinto).

## 4.2  Tipos de acto fallido

### *4.2.1*  *El* lapsus linguae

El acto fallido más conocido es el *lapsus linguae*. Un muy buen ejemplo de ese tipo de *lapsus* lo produjo nuestro presidente,[10] que los comete sin descanso, declarando que

*ETA es una gran nación.* [6]

Es un *lapsus* impresionante, magnífico. En cambio, cuando el mismo personaje se dedica a emitir proferencias del calibre de

*Los catalanes hacen cosas,* [24]

ya no se sabe tan bien de qué se trata: puede ser un *lapsus*, es cierto, pero es más probable que se trate de un problema neurológico.

¿Qué tipos hay, entonces, de acto fallido? El más común es el que acabamos de ilustrar con un ejemplo, el *lapsus linguae*: cuando digo una palabra en vez de otra. Etcheverry, el traductor de Freud, lo traduce como «trastrabarse».[11]

---

[10]El Sr. Mariano RAJOY, presidente del Gobierno de España en el momento de impartir la clase [Noviembre de 2016].

[11]Palabra que, por cierto, induce ella misma, ineluctablemente, a trastrabarse al intentar pronunciarla.

### 4.2.2 *El* lapsus calami

Otro tipo de operación fallida es el *lapsus calami*, el *lapsus* de escritura. La denominación «*lapsus calami*» es mucho menos conocida, pero no sucede así con el fenómeno, ahora muy habitual, potenciado por el uso del correo electrónico y las redes sociales, que llevan a escribir muy *en caliente*. Si añadimos a eso las inapreciables contribuciones de los autocorrectores y los asistentes personales,[12] se entiende perfectamente que algunos clientes de correo electrónico[13] hayan implementado funcionalidades de *deshacer* el envío de correo.

### 4.2.3 *El* lapsus *auditivo (y la, a veces, sabia sordera femenina)*

Después está el *lapsus* auditivo, esto también nos pasa: nos dicen una cosa y escuchamos otra. Uno puede divertirse bastante con eso; en algunos casos, puede expresar también un cierto modo de desobediencia. Las mujeres suelen entretenerse bastante con ellos, escuchan cualquier cosa, un poco por el puro placer de partirse de risa y un poco

---

[12]Dan ganas de preguntarse qué concepto de inteligencia manejan los que tienen la osadía de llamar a estas auténticas porquerías, más molestas que útiles, *inteligencias artificiales.*

[13]Como, p. ej., Inbox de Google.

para dejar bien claro que no terminan de aceptar el orden patriarcal. Si uno tiene el privilegio, y me dirijo aquí a los varones, de ser admitido en algún gineceo, podrá apreciar hasta qué punto llega el asunto; en cambio, en los lugares públicos, el mismo escarnio se disimula, se modera. Como han ganado fama de ser incorregibles, ya no se las molesta. En cambio, a los hombres se les exige más: «¡Escucha bien, hombre, que pareces burro!». Después, claro, las mujeres viven muchos más años que los hombres, lo que debería dar que pensar.

### 4.2.4   *El* lapsus *de lectura*

*Muchos borrachos*

En la misma serie encontramos el *lapsus* de lectura. Un día que salí a comprar el periódico observé, en una de esas banderolas que el Ayuntamiento pone en las farolas, escrita en grandes letras, la expresión

```
Muchos borrachos,
```

lo que, a decir verdad, me dejó bastante atónito. «¿Muchos borrachos?», pensé, «¿por qué pondrán eso?». «Desde luego», me decía, «a determinadas horas, lo que es haberlos, en la zona en la que vivo, haylos: basta acudir a la salida de la discoteca;

pero ¿por qué tendría que avisar de ello, y de esta forma tan ostentosa, el Ayuntamiento?». Después miré mejor: lo que ponía era *Moncho Borrajo*.[14]

## *Momentos Rompetechos*

Había un personaje de los tebeos de la postguerra, dibujado por el genial e infatigable Francisco Ibáñez, llamado Rompetechos, un señor pequeñajo y cabezón extremadamente cegato y malhumorado, con gafas de culo de botella, que se metía constantemente en líos por leer una cosa por otra. Todos tenemos varios *momentos Rompetechos* cada día; de hecho, con lo aburrida que es la realidad que intentan imponernos, uno tiende a pensar que muchas veces es más interesante o divertido lo que uno lee que lo que debería haber leído.

## *Del* Deus absconditus *al más humilde bacalao*

Otro ejemplo, también propio: un día me encontraba paseando por la calle de los restaurantes de la localidad ibicenca de Santa Eulària, cuando pude leer, en la carta de determinado local, la expresión

```
God in sauce.
```

---

[14]Nombre de un *showman* y dramaturgo español [26].

«¡Dios en salsa!», pensé, «*¡uau!*, ¿qué será eso?», mientras sentía que mi interés por la teología llegaba rápidamente a su punto de fisión, «¿Dios en Su salsa? ¿Qué será, para Dios, estar en Su salsa? ¿O no es Su salsa?; a fin de cuentas, pone simplemente "salsa". ¿Debería quizás escribir, de un modo más respetuoso (y por si acaso), "Salsa"? Y, además, ¿cómo puede ser que Él (o Ella) se anuncie, y además con salsa (o Salsa), en un modesto restaurante de la isla de Ibiza?».

Me asaltaba, como puede verse, todo tipo de dudas; hasta le saqué una foto y lo subí a Facebook. Después, claro, tuve que desilusionarme: se trataba de una «C», que parecía una «G» debido a una caligrafía más bien dudosa, y lo que se ofrecía era *bacalao en salsa* (*Cod in sauce*). De vuelta al aburrimiento más absoluto, a lo que llamamos, pomposamente, «la realidad».

### 4.2.5  *Otras operaciones fallidas*

Otra operación fallida, que suele dar mucha rabia al que la padece, y que ya no se enmarca en la categoría de los *lapsus*, es el olvido de palabras. Olvidamos una palabra y, aunque la tengamos *en la punta de la lengua*, no podemos recordarla. Lo más notable es que, si se nos ofrece un candidato que no es la palabra olvidada, la rechazamos enseguida, lo que contribuye a indignarnos todavía más: ¿cómo puede ser que no recordemos la palabra y en cambio sepamos, inmediatamente, que esa otra palabra *no es* la buscada?

Aún otro tipo de operación: cuando perdemos algo, pero tenemos la seguridad de haberlo dejado en algún sitio, sólo que no sabemos dónde. En fin, hay otras operaciones fallidas, la lista es muy larga. Como este libro no pretende ser un tratado, no se hace necesario que las listemos todas.

## 4.3 ¿Merecen ser estudiados, los actos fallidos?

### 4.3.1 Elogio de la argumentación

Es muy interesante la estrategia retórica que sigue Freud. Lo primero que escribe, después de presentar los actos fallidos, es:

23     *Para estos fenómenos quiero ahora solicitar la atención de ustedes. Pero, disgustados, me opondrán [...].*

E inmediatamente formula lo que, como veremos, sería una objeción de principio.

Aparquemos por un instante la objeción en sí, y centrémonos en *la idea misma* de retórica, de argumentación. Freud está suponiendo que dialoga con un interlocutor inteligente; eso nos permite ser inteligentes, y apreciar la inteligencia de Freud, sin necesidad de imponernos ningún acuerdo sobre lo que se está debatiendo.

No estamos acostumbrados, ya, a la argumentación (ni, todo hay que decirlo, a la inteligencia). Hoy día ya no se argumenta, se grita; y se supone que el que grita más y más fuerte es el que se llevará el gato al agua. Es una aplicación directa y consecuente de la máxima de Goebbels:[15] si repites una mentira suficientes veces, se convertirá en una verdad.

No hay que desplazarse hasta montañas lejanas para encontrar, en nuestro país, un ejemplo. Tras los atentados del 11-M, el inefable trío compuesto por Aznar, Acebes y Zaplana se empeñó en repetir que había sido ETA; Aznar todavía insiste. El otro día salía en el periódico que un porcentaje altísimo[16] de la población española está convencida de ello.

Sería razón más que suficiente para mandar al siniestro trío y, de paso, a los directores de los periódicos que los apoyaron, a la cárcel: por delito contra la salud pública, en este caso mental, de un gran número de españoles. Pero no pasa nada:

---

[15] Joseph GOEBBELS, ministro de propaganda del nazismo.

[16] De dos dígitos.

parece que para perseguir objetivos políticos está justificado estropearle la cabeza a millones de personas.

Estamos, por lo que parece, en una época post-argumentativa. Los medios tradicionales, que han colaborado con entusiasmo en ello, ahora se horrorizan hipócritamente ante lo que los anglosajones han denominado «post-verdad».[17]

Se trata de algo realmente nefasto, puesto que, si no podemos argumentar, no tenemos ningún instrumento para discriminar entre lo bueno y lo malo, entre lo verdadero y lo falso, entre lo que nos hace bien y lo que nos hace mal; convendría estudiar a gente como Freud, entonces, volver a esas épocas, aunque sea para tomar ejemplo.

Uno tiene que poder orientarse, de algún modo, en la existencia, ir produciendo algún farito interior que le permita no tragarse acríticamente toda la basura que nos tiran por la cabeza.

---

[17]A uno lo de *posverdad, pos*, la verdad, le parece *mal escrito*.

### 4.3.2   La objeción de principio: el argumento N de la nimiedad

Pero, es cierto, uno no está acostumbrado a este tipo de escritura: por eso hay que aprender, despacito, a leerlo, y por eso nos detenemos con tanto detalle en su estructura.

### 4.3.3   Enunciado de N

Volvamos ahora al *contenido* de la objeción, cuyo enunciado habíamos aplazado. Podríamos bautizarlo como el *argumento de la nimiedad*, y lo distinguiremos con la letra *N*. *N*, entonces, rezaría así:

> *En efecto, el tema en sí mismo, los actos fallidos, no parece gran cosa; son fenómenos más bien triviales e insignificantes; ¿realmente, el psicoanálisis no tiene nada mejor que ofrecer? Uno habría esperado que nos informasen sobre fenómenos comunes y dolorosos, por ejemplo sobre la depresión, que parece que afecta a más del 25% de la población, y en cambio se solicita nuestra atención para estas nimiedades, estas banalidades. Realmente, si se trata de esto, el psicoanálisis no parece gran cosa.*

23

PA

### 4.3.4　*Presentación de* N*: el interlocutor paranoico*

Detengámonos por un instante en la *forma en la que se nos presenta N*. Se trata de algo del orden de un «alguien me dirá que...», en este caso «alguien me dirá que *N*». Es un modo de presentación muy habitual en Freud; adopta muchas formas alternativas, equivalentes entre sí: «ya escucho a alguien que objeta que...», «podría discutirse que...», «algunos autores han argumentado que...», etc. La estructura siempre es la misma.

Este *poner-en-la-boca-del-otro* lo que se quiere rebatir puede responder o no a alguna objeción que fuese planteada, efectivamente, en la sala donde Freud pronunciaba su conferencia; también puede responder a objeciones que le hubiesen sido planteadas con anterioridad, cosa que en muchos casos efectivamente sucedió; finalmente, es pensable, en términos generales, que nadie haya nunca enunciado objeción alguna, y que sea Freud mismo quien, mediante el artificio escritural de inventarse un opositor, estimule su propio discurso y le confiera así forma y belleza.

En realidad, para nosotros es indiferente; lo que nos interesa es acostumbrarnos al dispositivo retórico freudiano, que vamos a encontrar con asiduidad.

### 4.3.5    *Aceptación de* N*: las papeleras de la humanidad*

«Es cierto», escribe Freud, «que el psicoanálisis se ha dedicado a estudiar cosas que, de entrada, parecen auténticas birrias». El psicoanálisis parece centrar gran parte de su atención en cositas aparentemente insignificantes; por eso algunos autores han señalado que se dedica a *revolver en las papeleras de la humanidad*, a hurgar entre los desperdicios. Examina lo que parecería no tener el más mínimo interés, lo que históricamente fue siendo dejado de lado: los actos fallidos, los sueños, los chistes...

### 4.3.6    *Discusión de* N*: Lo nimio no es necesariamente signo de lo nimio*

«Ahora bien»,[18] continúa la argumentación freudiana, «que algo *parezca* nimio no quiere decir que *lo sea*; algo aparentemente nimio, por ejemplo, puede ser efecto de algo grande y, por esa razón, revelarse como algo importante, pese a su aspecto nimio».

Como esto puede parecer un poco abstracto, pone enseguida varios ejemplos: un joven enamorado no esperará, para saber si su amada le correspon-

---

[18]Otro parafraseo, p. 24.

de, a ver si ésta le planta un beso en la boca,[19] sino que intentará colegirlo mediante la observación de gestos mínimos, una mirada que se prolonga más de lo debido, una mano que es retenida un poquito más de lo habitual, etc.

Del mismo modo, un policía no espera encontrar, en la escena del crimen, una tarjeta con la dirección y el teléfono del delincuente, sino que se guiará por las huellas dactilares, el análisis del ADN, etc.

## 4.4  Las fuentes

### 4.4.1  Primera fuente: el pensamiento común. El argumento C de la contingencia

Una vez despejada, así, la objeción de principio N, Freud se dirige a «cualquiera que sea ajeno al psicoanálisis», es decir, al *pensar común*. Aquí es necesario hacer una advertencia: se está refiriendo al pensamiento común *de una persona culta de su época*,[20] no al de los garrulos que suelen aparecer ahora en la televisión, que no saben articular palabra. Ese recurso al pensamiento común va a ser

---

[19]Aclaremos que nos referimos a un joven *sensible*. Con la dominancia del porno, probablemente algunos lo que esperarán es que les planten la mano en los genitales. Al Sr. TRUMP, por ejemplo, parece que le resulta de lo más normal.

[20]*Cfr.* nuestra p. 121.

muy habitual en la escritura freudiana: lo toma como materia prima, lo trabaja, lo elabora, lo transforma en otra cosa. Parte de lo que «se piensa» para poder llegar a pensar otra cosa. En este sentido, es muy psicoanalítico (cosa que no debería resultar sorprendente): un análisis debería, también, partir de lo habitual, en lo que se encuentra alienado el analizante, para llegar, mediante su elaboración, a lo absolutamente singular.

He aquí la objeción, que llamaremos *C*, lo que Freud pone en boca de esa «persona cualquiera»:

> *Eso no merece explicación ninguna; son*      25
> *pequeñas contingencias.*

Adviertan el uso de la palabra «contingencia», sobre la que ya nos explayamos en la clase inaugural.[21] No nos extenderemos, entonces, mucho más sobre esta objeción, excepto para señalar la extrema elegancia con la que la ventila Freud:

> *¿Qué entiende nuestro hombre con eso?*      25
> *¿Quiere decir que hay sucesos tan ín-*
> *fimos que se salen del encadenamien-*
> *to del acaecer universal, y que lo mis-*
> *mo podrían no ser como son? Si al-*
> *guien quebranta de esa suerte en un*

---

[21] *Cfr.* la sección *Los sueños no son contingencias* en la p. 20.

*solo punto el determinismo de la na-
turaleza, echa por tierra toda la cosmovisión científica.*

La ciencia no soporta la idea de que hay cosas que suceden pero podrían no haber sucedido: las cosas suceden por alguna razón, no porque sí: ya adelantamos este argumento, porque también se aplica a los sueños.

Inmediatamente, Freud añade:

25    *Podríamos hacerle ver* [a nuestro interlocutor] *cuánto más consecuente consigo misma es la cosmovisión religiosa cuando asegura de manera expresa que ningún gorrión se cae del tejado sin la voluntad expresa de Dios.*

Es bonito, esto, muy entretenido: para el que cree en Dios, todo lo que sucede, sucede porque Dios lo quiere así; puesto que, si Dios no lo quisiese, y dado que Dios es omnipotente, eso que sucedió no podría haber sucedido; suponer lo contrario atentaría contra la omnipotencia divina.

Al menos, el creyente tiene una explicación: lo que Dios quiere, pasa; lo que no quiere, no pasa, y no hay nada más que discutir. En cuanto a la cosmovisión científica, no se admite la posibilidad de la existencia de contingencias. Ya vimos esto en detalle.

### 4.4.2   El pensamiento común: la teoría IA de la inatención

Freud, como les decía, se imagina que su interlocutor es inteligente, lo que, hoy día, no está garantizado. Supone que éste no querrá continuar sosteniendo la posibilidad de la existencia de contingencias, es decir, que se retractará y convendrá con nosotros en que no es posible sostener $C$. Nuestro interlocutor sugerirá entonces, continúa Freud, que una persona quizá cometa un desliz verbal cuando:

1) esté indispuesta o fatigada,
2) esté emocionada, o
3) esté distraída.

Con esto habrá enunciado una posible explicación para la existencia de los actos fallidos, que podríamos denominar «teoría de la inatención» y denotar, cuando nos convenga, mediante el acrónimo $IA$ (de $InA$tención; del mismo modo, cuando sea necesario nos referiremos a un acto fallido determinado como $AF$). La esencia de $IA$ sería la idea de que la inatención causa, genera, los fallidos.

Discutir la teoría de la inatención $IA$ requerirá de una estrategia mucho más matizada, puesto que, como veremos, se trata de una teoría que no es completamente verdadera ni tampoco completamente falsa. Vayamos por partes.

26     *Primer argumento.* Es verdad que, muchas veces, cuando nos equivocamos, estamos enfermos, cansados, emocionados o distraídos. Pero también lo es que en otras ocasiones nos equivocamos encontrándonos perfectamente bien, sin que nos sucedan ninguna de esas cosas. Las condiciones de $IA$, entonces, no pueden ser la causa del fallido, o en cualquier caso no pueden ser su única causa, puesto que *no son una condición necesaria* para éste.

$$AF \Longrightarrow\!\!\!/\ \ IA$$

26     *Segundo argumento.* A la inversa: en ocasiones, estar distraído no nos impide ejecutar las acciones más complejas. Si uno sabe conducir, coge el coche, se dice «me voy a Girona» y, sin darse mucha cuenta, ya está en Girona, sin saber muy bien cómo ha llegado; mientras ha durado el viaje ha estado pensando en todo tipo de cosas, pero no en cómo conducir. Lo mismo pasa, a veces, cuando se camina: uno llega a su destino habiendo estado completamente absorto en otra cosa: la música que está escuchando, o algo que anda pensando, por ejemplo.

Quiere decir que la inatención *no es una condición suficiente* para que se produzca un fallido.

$$IA \not\Rightarrow AF$$

*Tercer argumento.* A veces, prestar mucha aten-  27
ción a lo que se está haciendo *estimula* la producción de fallidos, en vez de prevenirla. Estar super-
atento no es garantía de nada. La impresión que va
apareciendo es que la inatención y los fallidos son
*relativamente independientes* entre sí.[22]

$$\neg IA \not\Rightarrow \neg AF$$

*Cuarto argumento.* Además —y esto Freud, aquí,  27
sólo lo desliza—, a veces, cuando uno comete un
*lapsus linguae*, dice *exactamente lo contrario* de lo
que iba a decir. Lo resaltamos ahora porque Freud
lo va a retomar después [p. 145] con mucha fuerza:
si se dice lo contrario entra en juego una función
*semántica*, ya no puede ser un simple error, porque
un error debería poder ser cualquier cosa, y la probabilidad de que se diese justamente en lo contrario
debería ser ínfima.

*Quinto argumento.* La teoría de la inatención  27
no puede explicar casos como cierto tipo de olvido

---

[22]La combinación que falta, que equivaldría a «que no se
haya producido ningún acto fallido no quiere decir que uno
haya estado atento», no merece ser tomada en consideración.

de palabras, aquellos en los que tenemos la palabra olvidada en la punta de la lengua, porque si lo tengo en la punta de la lengua, más atención no puedo poner, y de todos modos no hay nada que hacer. O los actos fallidos combinados: a veces se presentan en serie.

28 Por tanto, no parece que la teoría de la inatención sea falsa, pero sí que es insuficiente: «quizás le falte un complemento».

### 4.4.2.1 *Una restrición temporal y voluntaria, y un cambio de perspectiva*

28 En este punto, Freud nos propone centrarnos únicamente en los *lapsus linguae*. La estrategia argumental es la siguiente:

1) averigüemos cosas sobre los *lapsus linguae* y, a continuación,
2) veamos si lo averiguado con respecto a los *lapsus linguae* puede aplicarse a todos los actos fallidos.

Se trata de una operación perfectamente válida.

Simultáneamente, nos propone también cambiar el punto de vista: hasta el momento, lo que ha guiado nuestra investigación ha sido la búsqueda de la *causa* del *lapsus*, pero también podríamos hacernos una pregunta distinta: *¿por qué* se ha producido un determinado *lapsus*, en vez de cualquier otro?

Cuando Rajoy dice «ETA es una gran nación» [p. 123], no dice «la remolacha es una gran nación», ni «la Virgen de Montserrat es una gran nación». No, lo que dice es «ETA es una gran nación». *¿Por qué dice eso y no otra cosa?* Uno puede hacer sus propias hipótesis, claro: en la estrategia del miedo, que da sus buenos frutos, la defensa de la unidad de España y el combate contra el terrorismo de ETA están en primera fila; de ahí que sea posible confundirlos. De todos modos, nada nos autoriza, todavía, a llegar tan lejos.

No se equivoca con cualquier cosa, se equivoca con ETA. Sería interesante averiguar por qué.

### 4.4.3 *Segunda fuente: la ciencia. Ejemplos*

Después de haber acudido al pensamiento común, Freud vuelve su mirada sobre la ciencia de su época. Acerca de los actos fallidos no existía, en ese momento histórico, prácticamente nada, exceptuando un estudio bastante sesudo de Meringer y Mayer, un filólogo y un psiquiatra, respectivamente, que desarrollaron una compleja teoría basada en las valencias fónicas de las sílabas. Freud toma de esa obra la mayoría de los ejemplos con los que trabaja; así nadie podrá acusarle de escoger sólo los ejemplos que le vienen bien, ni de habérselos inventado. Expondremos en detalle algunos de los ejemplos en los que Freud se detiene, pues nos detendremos también nosotros en ellos, e intercalaremos algunos otros de nuestra propia cosecha.[23]

### 4.4.3.1  «*Eructar por la prosperidad de nuestro jefe*»

29  El primer ejemplo es francamente bonito: un empleado se propone pronunciar, en una fiesta de empresa, el siguiente brindis: «Les invito a brindar por la prosperidad de nuestro jefe», pero lo que termina diciendo es «les invito a *eructar* por la prosperidad de nuestro jefe». Pueden probarlo, en la próxima celebración de empresa, a ver qué pasa: seguro que deja, al instante, de ser tan aburrida.

Hay que decir que en la lengua alemana basta con alterar una mínima partícula para cambiar el sentido de la frase. Veámoslo, entonces, en un esquema:

```
A N      Z U S T O S S E N
A   U F Z U S T O S S E N
```

---

[23]Para no sobrecargar el texto, daremos por sentado que los ejemplos son de FREUD, a menos que indiquemos lo contrario.

«*Anzustossen*» es «brindar», lo que quería decirse, y «*aufzustossen*» es «eructar», lo que se terminó diciendo.

### 4.4.3.2   «Begleit-digen»

Otro ejemplo, absolutamente maravilloso, y que también requiere hacer un pequeño esquema para ser bien comprendido. Se trata de un joven que se dirige a una señorita con la intención de acompañarla. Lo que se propone decirle es «si me lo permite, señorita, me gustaría *acompañarla*». «Acompañar», en alemán, es «*begleiten*». Sin embargo, lo que realmente le dice no termina en «*begleiten*» (en alemán los verbos van al final), sino en «*begleit-digen*», palabra inexistente. ¿De dónde sale esa palabra, si no existe? Pues resulta que hay otra, que sí existe, «*beleidigen*», que significa «ofender». Por alguna razón (que conjeturaremos después), parece que el joven ha fabricado un monstruo verbal, formado por la yuxtaposición de «acompañar» y «ofender».

Esto se aprecia mucho mejor si se traza, como en el caso anterior, un pequeño esquema, cosa que en general no se hace. Los traductores fueron un tanto perezosos al respecto: como por lo común no se domina la lengua alemana, uno pasa por encima de las palabras originales, como si estuviesen puestas ahí por pura pedantería, y se termina por no entender lo que se está planteando, que por otra parte es enorme.

He aquí el esquema:

```
B E G L E I T         E N
B E   L E I   D I G E N
- - - - - - - - - - - - - - - -
B E G L E I T D I G E N
```

La primera palabra es «*begleiten*», «acompañar»; la segunda es «*beleidigen*», «ofender»; la tercera es «*begleit-digen*», palabra inexistente, el monstruo verbal efectivamente pronunciado.

### 4.4.3.3   *«Mowngli»*

Un ejemplo similar, en este caso propio, se refiere a una persona a la que se conoce desde hace largo tiempo. Queriendo aludir al hecho de que cuando se entró en contacto con ella era bastante salvaje, se le dice «eras bastante *Mowgli*», en alusión irónica al niño salvaje que protagoniza *El libro de la selva*, de Rudyard Kipling. Ella parece estar bastante de acuerdo, pero, cuando quiere integrar lo que se le ha dicho en una frase, lo que pronuncia es «sí, era bastante *Mowngli*». Parece claro que lo que se ha colado en este caso es la palabra «mongui», coloquial por «mongólica».

El esquema, en este caso, es casi tan perfecto como el anterior:

```
M O W    G L I
M O    N G U I
_______________
M O W N G L I
```

### 4.4.3.4   «No estoy inclinado...»

Otro del mismo orden: alguien a quien, después  30
de esperar muchos años, le han dado por fin un cargo importante, en su discurso de aceptación, quiere
decir «no estoy calificado (*geeignet*) para hacer el
elogio de mi predecesor» (como Juan Bautista, en
fin: no soy nadie, no sirvo ni para atarle la cuer-
da de los zapatos), pero en realidad dice «*no estoy
inclinado (geneigt)* a hacer el elogio de mi predecesor», es decir, para decirlo francamente, no tengo
la menor gana.

```
G E   E I G N E T
G E N E I G     T
```

### 4.4.3.5   «Se levanta la sesión»

Lo más llamativo, en algunos casos, es que a  30
veces se dice exactamente *lo contrario* de lo que
se quería decir. Volvemos con esto a lo que antes

Freud había sólo lanzado.[24] Entre los ejemplos freudianos destaca el siguiente, sobre el que vamos a volver muchas veces. El presidente de la cámara de diputados, observando que hay *quorum*, se propone decir «se abre la sesión», pero dice «se *levanta* la sesión»: justamente lo contrario.

### 4.4.4 *Nuestra investigación pivota: algunos* lapsus *tienen, claramente, sentido*

31 ¿Qué ha pasado con estos últimos ejemplos? Que por sí solos, al menos algunos de ellos, p. ej. los dos últimos, nos han dado la impresión de que quieren decir algo. «Se levanta la sesión» [p. 145], claramente, tiene sentido y, como ya hemos indicado, justamente el contrario del que tendría lo que se había querido decir. Y «no estoy inclinado...» [p. 145] es una frase cuyo sentido es diáfano, aunque no sea lo que se pretendía decir.

En general, si se dice exactamente lo contrario, eso tiene sentido. Otra cosa es que uno diga «sí, pero no es lo que se había querido decir». Eso es indiscutible e indubitable; pero también lo es que, al menos en los de esta clase, el *lapsus*, tomado por sí mismo, tiene pleno sentido.

En otros casos el sentido no está tan claro. Alguien podría objetar que nuestras suposiciones, en

---

[24]Véase nuestro *cuarto argumento* en la p. 139.

los casos «ETA» [p. 141] y «Mowngli» [p. 144], por ejemplo, son demasiado arriesgadas, que ponemos demasiado de nuestra parte; y bien podría ser. Pero si lo que se dice es «se levanta la sesión» [p. 145], no puede objetarse nada ante la afirmación de que se trata de una frase perfectamente construida, comprensible, y poseedora de pleno sentido. Lo mismo sucede en los casos «no estoy inclinado...» [p. 145] y «eructar...» [p. 142].

Pero esto no lo esperábamos. Nos habíamos centrado en buscar la causa, la explicación de los actos fallidos, y ahora nos encontramos con que, al menos algunos, tienen un sentido completo. *¿Y si pudiésemos encontrarle un sentido a los demás?* Eso cambiaría por completo la naturaleza de nuestra investigación.

### 4.4.4.1  *«Vaya* chapucería *que lleva Ud. en la cabeza»*

Investiguemos un poco más, examinando otros ejemplos. El primero lo produce una señora que se encuentra con otra, que lleva un sombrero nuevo. Le dice: «Este sombrero nuevo, tan fantástico, que lleva, ¿usted misma se lo ha arreglado?», pero al decir la palabra «arreglado» (*aufgeputzt*), cambia una letra por otra y dice «*aufgepatzt*». Ahora bien, «*patzerei*» quiere decir «torpeza». Parece que lo que en realidad le hubiese dicho, si hubiese podido, es «vaya *chapucería* que lleva Ud. en la cabeza. ¡Cómo se nota que se lo ha querido arreglar Ud. misma, sin tener ni idea!».

```
A U F G E P U    T Z T
           P   A T Z    E R E I
---------------------------------------
A U F G E P A    T Z T
```

### 4.4.4.2  *«Podrá comer y beber todo lo que yo quiera»*

32    Otro ejemplo, que también se entiende rápido: un señor, que había estado enfermo, acude al médico con su mujer. El médico le comunica que está perfectamente, ante lo cual su mujer exclama: «¡Ay, qué bien! Así va a poder comer y beber *todo lo que yo quiera*». Es fantástico, ¿verdad? Freud, con mucho humor, comenta: «Ese trastrabarse no es otra cosa que la expresión indisimulable de un consecuente programa» [p. 32]. Ballesteros lo traduce con más elegancia [p. 2138]: «Esta equivocación muestra claramente todo un enérgico programa conyugal»; la que mandaba en casa era la señora, cosa, por otra parte, mucho más frecuente de lo que suele creerse.

Los dos últimos ejemplos, desde luego, parecen tener un sentido claro. Habrá que ver si podremos encontrarle también un sentido a los demás.

### 4.4.5  *Tercera fuente: los creadores literarios*

Después de haber acudido a la lógica (con la objeción de principio), al pensamiento común y a la ciencia, Freud se va a centrar ahora en los creadores literarios. Es impresionante la libertad que se concede para pensar, la diversidad y heterogeneidad de sus referencias; en este sentido, no se priva de nada. En general, es muy amigo de ir a ver qué dicen los escritores: en más de una ocasión comenta que a menudo el creador literario ya ha intuido lo que el psicólogo sólo verá más tarde.[25] Piensa que saben más los buenos escritores que los científicos, que han llegado antes a la verdad; lo que pasa es que han llegado de esa manera literaria, que requiere ser descifrada.

Hay autores que hacen que sus personajes cometan *lapsus*, y no porque sí, sino con alguna intención. Eso quiere decir que el autor de la obra cree que el *lapsus* tiene sentido, y nos lo quiere hacer creer también a nosotros. No es sostenible que el autor se haya equivocado al escribir lo que quie-

---

[25]Después algunos interpretan esto de la peor manera posible y ponen a sus psicoanalistas a hacer tallercitos de escritura, con la esperanza de saltarse un paso. No se dan cuenta de que Freud está hablando de escritores de la talla de SHAKESPEARE. O, peor, sí que se dan cuenta, y entonces terminan por creer que ellos mismos son de la talla de SHAKESPEARE.

re hacer decir a uno de sus personajes y luego se sienta obligado a seguirle el juego.

33      Voy a resaltar sólo un ejemplo entre los que trae Freud, el de *El mercader de Venecia* de Shakespeare. Porcia ha pactado con su padre que se casará con aquel de sus pretendientes que resuelva determinado acertijo; ella está obligada, por su juramento, a no revelar sus preferencias ni el modo de resolver el enigma. Después de ver pasar a varios pretendientes que ni le interesan ni son capaces de resolverlo, se encuentra por fin con Bassanio, por quien se siente atraída. He aquí lo que Shakespeare pone en boca de Porcia:

34
> *No os apresuréis, os lo suplico; esperad un día*
> *    o dos*
> *antes de consultar la suerte, ya que si escogéis*
> *    mal*
> *vuestra compañía perderé; aguardad, pues, un*
> *    poco:*
> *algo me dice (*¡pero no es el amor!*)*
> *que perderos no quisiera. [...]*
> *[...] Podría enseñaros*
> *el medio de escoger bien, pero sería perjura,*
> *y no lo seré jamás; podéis perderme, entonces,*
> *y si eso ocurre, me haréis desear pecar*
> *convirtiéndome en perjura. ¡Mal haya vuestros*
> *    ojos!,*
> *me han embrujado y partido en dos mitades;*
> Una mitad es vuestra, la otra es vuestra...,
> mía quiero decir; *pero si mía, es vuestra,*
> *y así soy toda vuestra.*

¿Ven?, es magnífico. Cuando Shakespeare le hace decir a Porcia «una mitad es vuestra, la otra es vuestra..., / mía quiero decir; pero si mía, es vuestra», cuando le hace realizar esta especie de cabriola, de salto mortal, para estar a punto de estrellarse y recuperarse en el último momento, ¿qué está intentando? Hace que ella se equivoque, sin darse cuenta, para poder confesarle a Bassanio su amor sin necesidad de romper su juramento. El acto fallido, en realidad, da en la diana.

Que alguien como Shakespeare piense que los actos fallidos tienen sentido, entonces, nos anima en nuestra investigación. Lo mismo sucede con muchos otros creadores que han escrito cosas parecidas.

## 4.5   Sentido de los *lapsus*

### 4.5.1   *Interludio: el sentido de «sentido»*

En este punto, Freud realiza una especie de digresión que puede resultar sorprendente. Escribe «pongámonos de acuerdo otra vez sobre lo que entendemos por el "sentido" de un proceso psíquico», e inmediatamente, da una especie de definición:

> *No es otra cosa que el propósito a que sirve, y su ubicación dentro de una serie psíquica.*

*Sentido* como *propósito* y *ubicación*, no como *significado*, que es a lo que estamos acostumbrados. Además, de entrada, no parece especialmente claro. ¿Qué quiere decir esto? Lo ilustraré con un ejemplo.

Si alguien les preguntase *cuál es el sentido de la calle Balmes*, podrán contestar «la calle Balmes baja», o más escuetamente, «va hacia el mar»; lo que estaría completamente fuera de lugar es que se quedasen detenidos, reflexionando, rumiando en voz alta: «Es cierto, ¡qué pregunta tan profunda! ¿Qué sentido tendrá, la calle Balmes?».

*Sentido* no está tomado como *significado*, sino como *dirección, propósito*, un «ahí me dirijo». Y como *ubicación dentro de una serie psíquica*, de una cadena de pensamientos: el sentido de algo sólo se explicaría por *el lugar que ocupa* después de lo que le antecede y antes de lo que le sigue, además del punto hacia el que se dirige. Retengamos esta idea de *sentido* en lo que sigue: a la vez un *entre* y un *hacia dónde*.

El *lapsus*, el acto fallido, entonces, en tanto tenga sentido, no va a ser algo solo, aislado, sino que va a apuntar a algún lugar y va a formar parte de una cadena más amplia de pensamientos.

### 4.5.2  *Clasificación por el sentido*

Una vez en poder de esta definición, podemos plantearnos la clasificación de los actos fallidos atendiendo a su sentido. Inmediatamente aparecen cuatro grupos.

### 4.5.3  *Primer grupo: se expresa lo contrario*

En primer lugar, se encuentran los actos fallidos 36
en los que se expresa exactamente lo contrario de lo
que se quería decir. El ejemplo más claro es el del
presidente de la cámara de diputados: «Se levanta
la sesión» por «se abre la sesión» [p. 145]. Estos
casos, en cuanto al sentido del *lapsus* en sí mismo,
no presentan ninguna duda.

### 4.5.4  *Segundo grupo: se expresa algo opuesto*

Después, hay otros en los que el sentido que 37
aparece es también perfectamente claro, pero, sin
ser exactamente lo contrario, es un sentido opuesto:
por ejemplo, el que dice «no estoy inclinado a hacer
el elogio de mi predecesor» [p.145].

### 4.5.5  *Tercer grupo: se añade un sentido nuevo*

En otros casos, se añade otro sentido, como el 37
de la señora que dice «mi marido va a poder comer
y beber todo lo que yo quiera», que quiere decir
«mi marido va a poder comer y beber todo lo que
él quiera, pero como en mi casa mando yo, va a
comer y beber lo que yo diga» [p. 148].

### 4.5.6  Cuarto grupo: el sentido lo señala aquél que ha cometido el lapsus

37   En otros casos, no entendemos, de entrada, el sentido del *lapsus*, puesto que no cae bajo ninguno de los conceptos anteriores. Sin embargo, sea por propia voluntad o porque lo interrogamos sobre ello, la misma persona que lo ha producido nos termina informando del sentido de su *lapsus*.

### 4.5.6.1  «Draut»

38   Un ejemplo de este último tipo: alguien que está hablando de su caballo enfermo quiere decir que aguantará quizás un mes más, «durará un mes más». Pero en vez de «*dauert*», «durará» en alemán, dice «*draut*», palabra inexistente. Interrogado, dice que la palabra extraña le apareció porque estaba pensando, mientras hablaba, que era *triste* (*traurige*) que su caballo fuera a morir.

```
D     A U E R    T
   T R A U   R I   G E
   ----------------------
   D   R A U      T
```

Es verdad que el poder de convicción del esquema, en este caso, no es tan fuerte como en el de los anteriores. De todos modos, si es la misma persona que comete el *lapsus* la que nos da información sobre su sentido, debe saber de qué se trata.

### 4.5.6.2   *Marranadas*

Otro ejemplo, quizá más brillante. Una perso- [38] na quería decir «determinados hechos salieron a la luz», lo que contiene la palabra « *Vorschein*», «salir a la luz»;[26] sin embargo, termina por pronunciar la palabra inexistente « *Vorschwein*». Preguntada, explica que había estado pensando en que esos hechos eran porquerías, marranadas, cerdadas («*Schwei-nereien*», de «*Schwein*», cerdo, puerco), pero decidió no pronunciar esa palabra. El vocablo reprimido consumó su venganza, deslizándose en el *lapsus*. Es un ejemplo muy bonito, sobre el que volveremos varias veces.

```
V O R S C H   E I N
        S C H W E I N E R E I E N
------------------------------------------
V O R S C H W E I N
```

---

[26]En alemán, la palabra « *Vorschein*» aparece en expresiones como «*zum Vorschein kommen*» y «*zum Vorschein bringen*» y tiene el sentido del sintagma «a la luz» cuando se dice «sacar a la luz», o de «primer plano» cuando se dice «pasar a primer plano».

## 4.6   La teoría *INT* de la interferencia

38      Estos últimos ejemplos nos llevan a intuir una teoría, que podríamos llamar *Teoría de la interferencia*. Sigamos con el ejemplo de las porquerías, «*Vorschwein*». Está muy claro: la persona está pensando en cosas que sucedieron, seguramente que alguien se acostó con otro o algo por el estilo, ya se sabe, «¡qué porquerías!»; lo querría comunicar, pero con mucha educación, sin decir «¡vaya marranada!» (en el colmo de la educación suceden estas cosas: la palabra «marrano» se vuelve ella misma un poco marrana), no quería hablar de lo que habían hecho *esos cerdos* (*Schwein*) designándolos así, sino siendo más fina: «Determinados hechos salieron a la luz».

Había pensado «¡cerdos!» (*Schwein*), o «¡porquerías!» (*Schweinereien*) y decidió no decirlo, con lo que el *lapsus* muestra la *interferencia* de eso que había decidido no decir con lo que pretendía decir, para formar el monstruo verbal «*Vorschwein*». En el caso «*Draut*» [p. 154] se puede seguir un razonamiento similar.

De modo que parecería que si uno está pensando dos cosas y se decide por una en vez de otra, la que ha sido descartada puede terminar mezclándose, chocando, de algún modo, interfiriendo, con la elegida, y de ese modo se produce el *lapsus*. Quiero decir «me gustaría acompañarla» y a la vez pienso, pero rechazo, «espero que no se ofenda» y, *¡blam!*, «*begleit-digen*» [p. 143]. Quiero decir «durará unos meses más» y a la vez pienso, pero rechazo, «esto me pone triste» y, *¡zas!*, «*draut*» [p. 154].

No sabemos, desde luego, si todos los actos fallidos funcionan así, pero en los casos en los que funciona lo podríamos conceptualizar de este modo. Hay una *tendencia intencional* (lo que se tiene la intención de decir) y una *tendencia apartada o rechazada* (ya entraremos más adelante en la cuestión del grado de rechazo de esta tendencia, que va a ser muy importante); y del encuentro, la *interferencia*, entre estas dos tendencias nace el monstruo verbal. Si esta teoría funcionase siempre, si se aplicase a todos los actos fallidos, habríamos resuelto el problema.

> *¡Y bien, habríamos resuelto entonces,*     39
> *y con esfuerzo relativamente escaso, el*
> *enigma de las operaciones fallidas! No*
> *son contingencias sino actos anímicos*
> *serios; tienen su sentido, y surgen por*
> *la acción conjugada —quizá mejor: la*
> *acción encontrada— de dos propósitos*
> *diversos.*

### 4.6.1   Preguntas sobre $INT$

39     Pero, ¿realmente todos los actos fallidos funcionan así? Nuestra teoría de la interferencia no tiene, por el momento, más que un estatuto hipotético. Llamemos $INT$ a esta teoría. Enseguida aparece una serie de preguntas.

1) ¿$INT$ se verifica para todos los *lapsus linguae*, o sólo en algunos?

2) ¿$INT$ se verifica para todos los actos fallidos?

3) ¿Dónde queda la teoría de la inatención $IA$?

4) En cuanto a la tendencia perturbadora,

    4*a*) ¿Cómo la distinguimos?, y

    4*b*) ¿Cómo demostramos que es la única correcta?

5) Las tendencias perturbadoras,

    5*a*) ¿De qué tipo son?; y

    5*b*) ¿Qué relaciones, si las hay, mantienen con las perturbadas?

## 4.7   Un inserto sorprendente

40     Al hacer esta enumeración, entre el penúltimo punto y el último, Freud desliza, de pasada y como si fuese evidente, algo tan curioso, tan chocan-

te, que puede terminar por pasar inadvertido. Helo aquí:

> *Les recuerdo que en verdad no nos importan mucho las operaciones fallidas, y que con su estudio sólo hemos querido aprender algo valioso para el psicoanálisis.*

Es bastante extraño: ahora resulta que, en sí y por sí, los actos fallidos no nos interesan gran cosa. ¿Por qué los estudiamos, entonces? Para «aprender algo valioso para el psicoanálisis». ¿Qué es, eso «valioso»? Por ejemplo, el esquema implícito en la teoría de la interferencia, y también otros aspectos que aparecerán enseguida.

Dirán: «Ah, entonces lo propiamente psicoanalítico será el estudio de los sueños, lo que viene después».[27] Pues no: Freud lo dice claramente, el estudio de los sueños es una «preparación para el estudio de las neurosis». Si se recuperan del mareo, dirán ahora: «Bueno; entonces lo importante son las neurosis». Pues resulta que tampoco: las neurosis, dice Freud con toda claridad, sólo nos interesan en tanto nos permiten observar, *descompuestas*,[28]

---

[27]En las *Conferencias* y en nuestro Curso de Introducción, no así en el presente volumen, que presenta un resumen del tema de los sueños al comienzo.

[28]*Cfr.* nuestra p. 109.

las cosas que suceden, en este caso *compuestas* y, por tanto, más difíciles de observar, *en el psiquismo normal.*

Por eso insistimos en que el psicoanálisis no es una psicopatología (ni una teoría de los sueños, ni una teoría de los actos fallidos, aunque contenga a éstas), sino una teoría general del psiquismo humano.

De hecho, Freud va a cuestionar y subvertir completamente la noción de «normalidad psíquica», estableciendo que no hay personas «enfermas» y personas «normales», sino que la llamada «enfermedad» no es nada substancial, sino una pura *cuestión práctica.*[29]

## 4.8  Respuestas a las preguntas sobre *INT*

Despejado esto, vamos a encargarnos ahora de las preguntas suscitadas por nuestra teoría de la interferencia *INT*. Es muy interesante el modo en que las va respondiendo Freud.

---

[29]*«La diferencia entre salud nerviosa y neurosis se circunscribe, pues, a lo práctico, y se define por el resultado, a saber, si le ha quedado a la persona en medida suficiente la capacidad de gozar y de producir».*

### 4.8.1  *¿Se aplica INT a todos los* lapsus linguae*? Una discusión sobre las demostraciones de proposiciones universales*

Freud escribe:

> *Me siento muy inclinado a creerlo, puesto que cuantas veces se investiga un caso de trastrabarse se puede hallar una solución de esa índole.* [40]

Es decir, «siempre que la he puesto a prueba, he podido corroborar la hipótesis *INT*». A continuación, añade:

> *Pero es imposible demostrar que sin ese mecanismo no puede producirse el desliz.* [40]

«Es imposible demostrar...» ¿Qué es esto? Freud sabe perfectamente de qué habla, y no está precisamente aludiendo a alguna debilidad de su argumentación. Veámoslo en un caso similar.

No sé si ustedes están enterados de ello, pero la ley de gravitación de Newton no se puede demostrar, esto es ciencia elemental. ¿Qué quiere decir que no se puede demostrar? Que para poder demostrarla, tendría que coger todos los pares de objetos que existen en el universo, separarlos a todas las distancias posibles, en todos los momentos posibles, y ver que siempre, para todo lugar de un objeto, para todo lugar del otro objeto, y para cualquier momento del tiempo, esos objetos experimentan una atracción proporcional al producto de sus masas, e inversamente proporcional al cuadrado de su distancia. Es lo que dice la ley de gravitación universal. Como esto requeriría ser Dios y, encima, si el mundo fuese una simulación, correr la simulación infinitas veces y eso, valga la redundancia, no hay Dios que sea capaz de hacerlo, la ley de la gravitación no se puede demostrar. En ciencia es así. Lo que se puede es *refutar*, se puede demostrar que no es completamente verdadera exhibiendo un contraexperimento, un contraejemplo.

Es lo que ocurrió, por ejemplo, con el experimento de Michelson-Morley, que permitió darse cuenta de que la luz no funcionaba como se suponía hasta el momento, y a partir del cual se desarrolló la fórmula de la contracción de Lorentz y, en última instancia, la teoría de la relatividad. Las leyes físicas no se pueden demostrar; desde luego, se puede corroborar que funcionan, como suele hacerse, una y otra vez. Y, si resulta que no funcionan, pues se tiene que revisar la teoría.

Freud está interviniendo en este nivel: no puedo demostrar que mi hipótesis $INT$ se verifique para todos los *lapsus*, porque para poder demostrarlo tendría que examinar todos los *lapsus*, uno por uno, y eso es imposible de hacer. Dicho en términos técnicos: ninguna proposición universalmente cuantificada y no tautológica sobre la realidad puede ser demostrada sin recurrir a premisas previas.

Inmediatamente, añade:

> *Para nosotros es teóricamente indiferente, pues las claves que queremos deducir para la introducción del psicoanálisis quedan en pie con que sólo una minoría de casos —lo cual por cierto no es así— de deslices responda a nuestra concepción.*

40

Es decir: aunque no fuese cierto que todos los *lapsus linguae* funcionen conforme a nuestra hipótesis $INT$, sólo con que algunos de ellos lo hiciesen, ya podríamos deducir todo lo que deduciremos a partir de $INT$. Es de lo que realmente se trataba cuando Freud nos propuso esta investigación guiada. Pueden ver que el tema es bastante más complejo y profundo de lo que puede parecer a simple vista.

### 4.8.2   *¿Se aplica INT a todos los actos fallidos? Una mostración aplazada*

Vamos a por la segunda pregunta. ¿Nuestra hipótesis, la teoría de la interferencia $INT$, se verifica para todos los actos fallidos? La respuesta de Freud

40

es afirmativa, pero pide primero un poco de tiempo para poder, antes, demostrar otras cosas. Después vuelve sobre el tema, más adelante, pero nosotros no lo vamos a acompañar en eso, porque es un recorrido algo tedioso y lo principal, lo que nos interesa, ya estará enunciado y bien sostenido.

### 4.8.3   ¿Dónde queda la teoría IA de la inatención?

Ya habíamos visto que la mayor crítica que se le puede hacer a la teoría de la inatención es que no es condición necesaria ni suficiente, es decir, es relativamente independiente de la aparición de los actos fallidos [p. 139].

Parecería que aquí Freud sólo se repite, pero en realidad introduce una variación sutil, que le per41 mite introducir algo nuevo. Veamos. Él imagina que alguien sufre un robo cuando se encuentra, solo, en una calle oscura. Va a denunciar el robo y le dice al comisario: «La oscuridad y la soledad me han robado la cartera». El comisario, naturalmente, le corrige: «Será más bien que *alguien*, amparándose en la oscuridad y la soledad, le ha robado la cartera». Después le hace decir al comisario:

41　　*Usted parece rendir tributo, equivocadamente, a una concepción demasiado mecanicista.*

Es una crítica que se podría extender a muchos experimentos de tipo psicológico; hace falta un *agente* que haga eso, alguien o algo —el ladrón, en el ejemplo freudiano— que esté interesado en hacerlo.[30]

### 4.8.4   El motivo y la fuerza

Volvamos a nuestros *lapsus linguae*. Está bien, puedo estar distraído, también puede ser que haya palabras que se parezcan mucho; pero el asunto es: ¿Por qué me equivoco de esa manera, aunque la palabras se parezcan? Palabras que se parecen siempre podemos encontrar: dada cualquier palabra, siempre hay otra que se le parece. ¿Por qué me equivoco con esta palabra y no con otra? Eso es lo que no queda explicado, ni por la teoría de la inatención [p. 137], ni por la de Meringer y Mayer sobre la similitud de las palabras [p. 141]. Freud añade:

> *Cuando yo tengo frente a mí un camino, ¿eso decide también, como si fuera obvio, que habré de avanzar por él? Hace falta todavía un motivo para que*    41

---

[30]Aunque, por otra parte, entonces, también podría aducirse que se supone de entrada lo que se está buscando, esto es, un agente, con lo que se incurriría en una petición de principio.

> *me decida a hacerlo, y además una fuer-*
> *za que me empuje hacia adelante por*
> *ese camino.*

Estas dos palabras, *motivo* y *fuerza*, son fundamentales en la argumentación que nos ocupa.

Por una parte habrá toda una teoría del *motivo*, una de las significaciones de la palabra «sentido», el *propósito*, aquello hacia lo que me dirijo, el *hacia dónde* o, dicho de otro modo, el *para qué*. Y, por otra, una *fuerza*. Lo de la fuerza lo vamos a entender mejor cuando comprendamos la interferencia de tendencias como un choque de fuerzas.[31]

Puede haberles pasado inadvertido que el *motivo* no es, bajo ninguna circunstancia, una *causa*. Se trata de un *para qué*, no de un *por qué*. Ello terminaría de un plumazo con todas las ideas, tan extendidas y atribuidas al psicoanálisis —a veces por los propios psicoanalistas—, de que éste se dedicaría a explicar lo que nos sucede *ahora* como *efecto* de una *causa* que residiría *en el pasado*: «Sí, es cierto, ahora soy muy malo con las mujeres; pero es que mi mamá...». Eso sería una explicación causal: soy muy malo con las mujeres *porque* mi

---

[31] *Vid. infra* el apartado titulado *La concepción dinámica* en la p. 197.

mamá, cuando era pequeñito, etc. Un *para qué* no puede confundirse, en ningún caso, con un *por qué*. Dejamos aquí esto para la meditación del lector.

### 4.8.5   ¿Cómo distinguimos la tendencia perturbadora? Miente en serio, y llegarás a la verdad

Vamos a por la cuarta pregunta (de la quinta nos ocuparemos bastante más adelante [p. 192]): en cuanto a las tendencias, ¿cómo distinguimos cuál es la perturbadora? Freud aborda el problema mediante un análisis de casos.

*Caso 1: es evidente cuál es la tendencia perturbadora.* Esto sucede con claridad en algunos casos. Por ejemplo, en el del presidente de la cámara de diputados, «viendo que hay *quorum*, se levanta la sesión» [p. 145], la tendencia perturbadora es el propósito de levantar la sesión. *Por qué* se produce el fenómeno todavía no lo sabemos; pero *cuál es* la tendencia perturbadora queda fuera de toda duda.

*Caso 2: el propio sujeto nos confía cuál fue la tendencia perturbadora.* Contamos con dos ejemplos claros de esto: «*Draut*» [p. 154] y «*Vorschwein*» [p. 155]. Es justamente en este punto donde Freud dice algo que ya habíamos adelantado [p. 141]:

42     *No sin intención les he traído ejemplos cuya comunicación y resolución no provienen de mí ni de algunos de mis partidarios.*

Como los ejemplos no son propios, nadie puede acusarle de haber escogido los que le venían bien o, más directamente, de habérselos inventado.

A continuación añade algo muy gordo:

43     *Y no obstante, en los dos casos fue necesaria una cierta intervención para resolverlos. Fue preciso preguntar al hablante por qué se había equivocado así, qué atinaba él a decir sobre su desliz. [...] Preguntado, empero, dio la explicación con la primera ocurrencia que le vino. Y ahora vean ustedes: esa pequeña intervención y su éxito, eso ya es un psicoanálisis y el paradigma de toda indagación psicoanalítica que habremos de emprender en lo que sigue.*

¿Por qué lo calificamos de «muy gordo»? Porque lo primero que se le ocurre a uno es que la persona que ha dado esa explicación bien podría haber dado otra y, por lo tanto, la que ha dado no tiene, en realidad, ninguna fuerza probatoria. Freud, en este punto, es muy duro:

*Abrigan en su interior la ilusión de una* 43
*libertad psíquica y no quieren renunciar*
*a ella. Lamento encontrarme en este*
*punto en la más tajante oposición con*
*ustedes.*

«No tenéis ningún respeto por los hechos psí- 43
quicos», añade, «si un químico combina dos subs- PA
tancias y después mide el peso de la substancia re-
sultante, a nadie se le ocurrirá que, más allá de los
posibles errores humanos o instrumentales, el peso
que se haya obtenido en la medición podría haber
sido otro que el que efectivamente se obtuvo».

PREGUNTA: *Cuando alguien explica el motivo de
su acto fallido, es lo que él piensa que es su acto
fallido, pero realmente ¿podría ser otra cosa?*

Excelente pregunta: también, piensa uno, se lo podría haber inventado sobre la marcha. Éste es un
tema muy delicado. Permíteme contestarse con un
ejemplo. Hace bastantes años, cuando trabajaba en
otro lugar, vinieron a entrevistarme para la televisión. Querían hacer uno de esos programitas de cinco minutos que en la época solían poner, después
de los noticiarios, y que versaban sobre cuestiones
locales, uno se imagina que los emitían para evitar
que la visión de tantas matanzas y desastres le es-
tropeara a uno completamente la digestión: en el

extranjero todos están en guerra o mueren de hambre, pero, aquí, pues vamos tirando, hasta hacemos alguna cosita bien; este tipo de cosas.

Resulta, pues, que esa vez habían elegido, como tema del mini-programa, el asunto del sueño. Querían entrevistar a varios especialistas, lo que incluía a un psicoanalista; por eso nos vinieron a ver. Me imagino que saben que todo lo que sale por la tele es mentira. Yo atendía, en aquel momento, en un cuartito muy pequeño; nada más llegar, sugirieron mover el diván y todo lo demás a la habitación que en ese momento albergaba el aula, retirar las sillas, y disponer todo de tal manera que apareciese atendiendo en una consulta que nunca había tenido, pero quedaba mucho mejor en la cámara. Iba observando las cosas con una cierta curiosidad, hasta que me dijeron: «Y ahora que se tumbe algún paciente y se analice».

«¡Eso es imposible!», estuve a punto de gritar. Después tuve que calmarme: me explicaron pacientemente que, eso también, iba a ser mentira: se simulaba una sesión, y ya está. Le pedí entonces a mi secretaria, que en ese momento era paciente mía, si quería prestarse al juego; accedió amablemente. Al principio, era todo de lo más divertido: ella iba inventando una sintomatología imaginaria, desgranaba una serie de quejas fabuladas, y yo emitía gruñidos inarticulados, movía la cabeza como si estuviese sumido en profundos pensamientos y hacía como que garabateaba en mi bloc de notas.

La diversión se fue desvaneciendo cuando advertimos que la sesión simulada parecía convertirse, sin que nosotros pudiéramos hacer nada al respecto, en una sesión verdadera. Tuvimos que dejarlo estar, claro. ¿Qué había pasado? Aquí está lo interesante: *precisamente* porque la improvisada actriz estaba «jugando a decir mentiras», se había topado de golpe con la verdad.

Este fenómeno es más general: si el paciente no está prevenido y le instamos a contarnos una mentira lo más gorda posible, acabará confesando algo íntimo con toda seguridad. En este sentido, y aunque pueda parecer paradójico, la máxima mentira es vecina de lo más íntimo, lo más secreto. Pretender inventar despista a la censura. Y, justamente por eso, no es tan sencillo como podría creerse «inventarse las cosas» cuando se habla.

A la inversa, es cuando el paciente hace un esfuerzo por acercarse a la verdad, por ser sincero, que, muy a pesar suyo, más se aleja de sí mismo. ¿Por qué? Porque entran ahí, en tromba, toda una serie de cuestiones yoicas, «yo creo», «yo pienso», etc., que son justamente las que le han enfermado. Lo que lo constituye es, a la vez, lo que lo enferma.

Esto se ve muy claro en los discursos, muy frecuentes, del tipo «yo ya sé lo que me pasa», a lo que cabe oponer: «Sí, claro, por supuesto; pero entonces, si es así como Ud. dice, ¿cómo es que no se ha curado Ud. solito?». Es un tema laberíntico, lleno de paradojas, nada sencillo, como suele, ingenuamente, creerse; un verdadero juego de espejos.

*Caso 3: A la persona no se le ocurre nada, y rechaza cualquier propuesta de explicación que podamos darle.*

43      Volvamos a nuestra clasificación. Un subcaso del segundo se produce cuando a la persona no se le ocurre nada, pero a nosotros sí, y él acepta, aunque quizás le sorprenda, en primera instancia, que estuvo pensando eso que le sugerimos.

Ahora bien: si al paciente no se le ocurre nada y, además, rechaza lo que le sugerimos (suponiendo que a nosotros se nos ocurra algo), ¿cómo seguir?, ¿cómo mantener nuestra hipótesis *INT*?

## 4.9   El estudio de los indicios

### 4.9.1   *Una aproximación nocional a lo consciente, lo preconsciente y lo inconsciente*

Haciendo un inciso, pueden ver hacia dónde nos está llevando Freud: hacia una aprehensión nocional de los conceptos de *consciente*, *preconsciente* e *inconsciente*. Estos conceptos serán trabajados en detalle en conferencias posteriores, pero aquí los deja intuir, los deja caer. Es una hermosa estrategia escritural: primero nos aproxima a los conceptos, sin necesidad de mencionarlos explicitamente; así, cuando después los volvamos a encontrar, nos parecerán naturales.

La analogía —que, como todas, no debe ser llevada demasiado lejos— es, en cualquier caso, bastante clara:

1) Cuando el *lapsus* es transparente y no deja lugar a dudas (caso «se levanta la sesión» [p. 145]), se trataría de un acto fallido *consciente*.[32]

2) Cuando el *lapsus* no es tan transparente pero a la misma persona que lo ha padecido se le ocurre la conexión (casos «*Draut*» [p. 154] y «*Vorschwein*» [155]), se trataría de un acto fallido *preconsciente*.

3) Cuando el *lapsus* no es tan transparente y a la persona que lo ha padecido no se le ocurre nada, pero a nosotros sí y, cuando se lo comunicamos, acepta eso que le decimos como un contenido de su pensamiento, aunque pueda sorprenderse de que

---

[32]La analogía, como se ha señalado, no debe llevarse demasiado lejos porque, 1) en algunos casos, uno dice cosas que tienen perfecto sentido y, sin embargo, no puede reconocer de dónde ha venido éste, y 2) si hay *lapsus*, algo ha sido, con toda evidencia, substraído a la consciencia: en caso contrario no se trataría de un *lapsus*, sino de una intención deliberada.

hubiese estado activo en él en el momento de la comisión del *lapsus*, se trataría también de un acto fallido *preconsciente*.

4) Cuando el *lapsus* no es transparente, a la persona no se le ocurre nada, y además rechaza nuestras propuestas, se trataría, *si nuestra hipótesis INT es verdadera*, de un acto fallido *inconsciente*.

### 4.9.2   *Un salto en el vacío*

El último caso, claro está, hace funcionar la teoría de la interferencia $INT$ por el expediente de suponerla primero verdadera, lo que claramente no es de recibo. Habrá que proceder con más cautela.

Centrémonos pues en ese caso, el único que nos presenta alguna dificultad. Vamos a parafrasear la discusión freudiana, que es de una gran sutileza.

44
PA
La persona que ha padecido el *lapsus* argumentará que no hay sentido alguno en juego, que se ha equivocado y ya está. A fin de cuentas, debe saber de qué se trata, ¿no es así? «Quizá no lo sepa tan bien como pensamos», dice Freud.

### 4.9.3   Heads I win, tails you lose

«¡Ah!», dirán, «claro. Así cualquiera: cuando la persona cree conocer el sentido de su *lapsus*, entonces le prestamos crédito sin discusión alguna; y, en cambio, cuando declara que no se le ocurre nada, justamente en ese caso no le creemos. Eso es hacer trampa».

«Un momento», opone Freud, «no seríamos los primeros en proceder de este modo. Cuando un magistrado tiene que juzgar a un encausado, si éste reconoce su culpa se lo condena de inmediato, mientras que, si no la reconoce, no se lo libera, sino que se intenta inculparlo mediante otros indicios. Tampoco ahí se da un tratamiento simétrico a los enunciados del otro».

«Oh, ¿qué es esto? No sabíamos que estábamos en un juicio», le hace decir Freud a su auditorio. He aquí su réplica:

> *Les ofrezco un compromiso provisional* 45
> *sobre la base del símil del juez y el acu-*
> *sado. Deben concederme que el sentido*
> *de una operación fallida no deja lugar*
> *a dudas cuando es el mismo analizado*
> *quien lo confiesa. Y a cambio de ello*
> *yo les admitiré que no puede obtenerse*
> *una prueba directa del sentido conjetu-*
> *rado cuando aquél rehúsa comunicarlo,*
> *y desde luego tampoco cuando no está*
> *a mano para darnos ese informe. Aquí,*
> *como en el caso de la administración*
> *de justicia, nos vemos remitidos a in-*
> *dicios [...].*

### 4.9.4  El catecismo de la ciencia

«¿Indicios?», pensará alguien, «¿sólo eso? ¡No! ¡Queremos evidencias, verdades contrastadas!». Se escuchan bastantes cosas como ésa últimamente, y sobre ello hay mucho que decir. Permítanme terminar de leerles lo que dice Freud al respecto, y después lo comentamos.

45

*[Nos] vemos remitidos a indicios que nos permiten adoptar una decisión con mayor o menor grado de probabilidad. En un tribunal, por razones prácticas, es preciso pronunciar la culpabilidad aun por pruebas indiciarias. Nosotros no nos vemos compelidos a ello; pero tampoco estamos obligados a renunciar al empleo de tales indicios. Sería un error creer que una ciencia consta únicamente de doctrinas probadas con rigor, y sería injusto exigirlo. Una exigencia así sólo puede plantearla alguien ansioso de autoridad, alguien que necesite sustituir su catecismo religioso por otro, aunque sea científico.*

Es muy interesante lo del *catecismo científico*. Parece que Freud ya percibía en el horizonte algo que hoy día ha llegado a extremos que, si no resultasen devastadores, hasta serían divertidos.

El otro día, por ejemplo, salió una *noticia* con el siguiente titular: «Usar Facebook con moderación puede alargar tu esperanza de vida». Esto, que es absolutamente ridículo, está en la línea de otras *noticias* con las que nos bombardean asiduamente. Así, nos enteramos, según el día, de que el alcohol es un desastre para la salud; al día siguiente, de que un vasito de vino tinto en las comidas en realidad es sumamente beneficioso; de que los huevos son fatales para el colesterol, o bien que no tienen efecto pernicioso alguno y se pueden consumir cuantos se quiera; de que las grasas son un espanto para el organismo, o bien de que eso es una invención difundida por falsos estudios financiados por los fabricantes de azúcar y en realidad son beneficiosas y aun necesarias; y así sucesivamente. Y todo ello, supuestamente, en nombre de algo que suele denominarse «la ciencia».[33]

¿Qué ha pasado? Parece bastante claro: antes se creía en Dios, y la religión se encargaba de dar sentido al mundo y a la existencia, y a proveer de verdades inmutables. Hoy día, claro está, ya casi nadie cree en Dios. Se suponía que el movimiento iniciado con la Ilustración debía haber creado algún

---

[33]Sobre la cuestión de la ciencia, ver también la n. 4 en nuestra p. 22.

tipo de espiritualidad laica, que viniese a substituir la religiosa, que ya no se sostenía, pero eso no ha acontecido; al contrario, se han instalado una serie de mecanismos perversos y *mucho más dañinos que la religión*, en nombre del libre mercado, y con la excusa de que el Estado («el regulador», como se lo llama ahora, uno que, por cierto, nunca regula nada) no debe ser paternalista. Un ejemplo claro es la telebasura.

La religión es vista, con buena parte de razón, como la fuente de innumerables y crudelísimas guerras y, en cambio, ahora, de «la ciencia» se espera todo: que solucione el problema de la superpoblación, que fabrique materiales imposibles, que nos haga inmortales, que nos traslade a otros planetas... hasta que nos haga permanentemente felices.[34] Se termina por creer que «la ciencia» no falla, que sus verdades son indiscutibles, que por fin tenemos algo que nos va a llevar a través de los siglos hasta nuestra máxima felicidad... lo que es exactamente lo mismo que se esperaba, antes, de la religión.

Si escribimos «la ciencia» es porque los que profesan esta neocreencia, pésimamente informada pero también muy peligrosa, no saben en absoluto de qué hablan, puesto que la ciencia es un conjunto de desconocimientos: precisamente se conforma por

---

[34]Como sostiene, por ejemplo, Yuval Noah HARARI en su por otra parte interesante *Homo Deus* [19].

detenerse ante lo que no conoce, por delimitar con toda precisión de qué puede hablar y de qué no.

De hecho, en cualquier ciencia, si uno va a fondo, se encuentra con que lo más básico fluctúa, flota, no está bien definido porque no puede estarlo. Es lo que se conoce como *problemas de fundamentos*, que están en todas partes, incluyendo las disciplinas más puras y formales, como la lógica y las matemáticas. ¿Sabe alguien, por ejemplo, *qué es* el número dos? No *cómo funciona*, cómo se usa, que me imagino que lo saben, sino *qué es*. Pues resulta que no hay nadie que lo sepa, y de hecho no está claro que sea una pregunta que pueda llegar a ser respondida nunca; hay artículos sesudos de filósofos de las matemáticas defendiendo exactamente esa postura.[35]

Si esto pasa con las matemáticas y con la lógica, imagínense con las demás disciplinas. No es que la ciencia lo tenga todo resuelto, como si fuera el catecismo (volvemos ahora a Freud), pero si socialmente se soporta que se publiquen tonterías abyectas como que el uso de Facebook alarga la vida, quiere decir que se le están pidiendo a «la ciencia», ahora entre comillas, cosas realmente raras. Este es el sentido del comentario, aparentemente tan *en passant*, de Freud.

---

[35] *Cfr.*, por ejemplo, el clásico artículo de Paul BENACERRAF titulado *What numbers could not be* [3].

### 4.9.5　Aznar en el parvulario

Por tanto, trabajar con indicios no es algo de lo que avergonzarse, ni algo que atentaría contra un supuesto «espíritu de la ciencia», al que además le parecería mal.

45　　¿De dónde sacamos, entonces, esos indicios? «En primer lugar, de la analogía con fenómenos externos a las operaciones fallidas».

Olvidé mencionar, en su momento, un comentario que hace Freud sobre la deformación de nombres. Cuando alguien deforma un nombre, dice, habría que preguntarle primero si lo hizo intencionadamente, para producir un efecto chistoso, o se trató de un *lapsus*.[36] Aznar, por ejemplo, parecía divertirse mucho con la expresión «cero patatero», que asociaba, lo que es francamente lamentable, con el presidente Zapatero.[37] Esto lo suelen hacer los niños pequeños en el colegio, y hasta le buscan música para convertirlo en una cancioncita: *¡Ce-ro pa-ta te-ro!*, *¡Ce-ro pa-ta te-ro!*, hasta que se les

---

39　　[36] *«Conocemos muchos hombres con esta tendencia a desfigurar intencionadamente palabras inocentes haciéndolas obscenas a fin de obtener una cierta ganancia de placer; se las tiene por chistosas, y en realidad, cuando las oímos de alguien, tenemos que averiguar primero si las dijo intencionadamente como chiste o se le deslizaron como percance».*

[37] José Luis RODRÍGUEZ ZAPATERO, presidente del gobierno de España durante el periodo 2004-2011.

hace entender que es un tipo de broma más bien zafio e impropio de personas educadas. No todos terminan por entenderlo, como salta a la vista.

Ahí tenemos una fuente para los indicios: siguiendo el ejemplo, si se deforma un nombre, puede haber una intención de insulto en juego.


### 4.9.6   *La interpretación, para los pacientes*

¿Hay más fuentes para nuestros indicios? Sí; la lista es muy corta, y bastante peculiar, si se la examina de cerca:

> *De la situación psíquica en que acontece la operación fallida, de nuestro conocimiento sobre el carácter de la persona que la comete y de las impresiones que le han afectado antes, y frente a las cuales posiblemente reacciona de ese modo.*   46

Es bastante claro que, para que se den todas esas condiciones, tiene que ser un paciente, un familiar, un amigo íntimo... o uno mismo. No nos olvidemos de que estamos analizando los *lapsus* «de tipo inconsciente», según nuestra denominación [p. 174]. Y como a los amigos y familiares no es buena idea andarlos interpretando,[38] queda todo bastante claro: para el análisis de otro, o para el propio.

### 4.9.7  Estatuto conjetural de la interpretación

Sigamos con Freud, que no tiene desperdicio:

46

> *Como regla, la interpretación de la operación fallida se realiza siguiendo ciertos principios generales; primero no es sino una conjetura, un esbozo de interpretación, y después el estudio de la situación psíquica nos permite corroborarla.*

Esto es muy importante, la interpretación es una *conjetura*, un *esbozo*. ¿Qué quiere decir esto? Que frente a toda la imaginería generada por el cine y la cultura popular, la interpretación no aparece como ningún desvelamiento definitivo, como ninguna verdad última consolidada, como algo que se le tiraría por encima al paciente y se tendría que *aceptar*, sino como una *propuesta*, una *conjetura*, una *hipótesis*. Las conjeturas, como se sabe, no siempre son acertadas: algunas se corroborarán, y otras no. La interpretación, en la obra de Freud,

---

[38] *Cfr.* el apartado titulado *El que juega a ser analista es muy pesado* en la p. 85.

tiene *un estatuto conjetural*, cosa que nunca se resalta lo suficiente.[39] Por eso lo hacemos nosotros.

## 4.10   Ejemplos de indicios

En cuanto a los indicios, dice Freud, es más fácil hablar de ellos si examinamos actos fallidos distintos de los *lapsus linguae*.

### *4.10.1   El olvido de nombres propios*

El olvido de nombres propios acontece cuando se olvida el nombre de otra persona que, por otra parte, nos es familiar. Freud pone un ejemplo buenísimo: un señor se olvidaba una y otra vez del nombre de otra persona, a pesar de que mantenía con él relaciones comerciales habituales. Averiguamos que esa otra persona se había casado con la mujer que él amaba. Como dice el bolero, «de él no quería recordar ni su nombre».

---

[39]Nunca se insistirá lo bastante en esta cuestión, que no es en absoluto accesoria. Para la discusión del estatuto hipotético-propositivo de la interpretación y el papel de la razón en el análisis, ver también nuestra ponencia titulada «*Interpretación, elaboración y aceptación*» (2012) [4] y presentada a las XII *Jornadas psicoanalíticas* del EPBCN, tituladas *Aperturas en psicoanálisis*.

### 4.10.2   El olvido de propósitos

47      En cuanto a los olvidos de propósitos, es evidente que ocurren. Nos ocurren a nosotros, y les ocurren a los demás, y muchas veces son un poco molestos, o incluso mucho, pero uno se aguanta. «Bueno, te has olvidado, qué le vamos a hacer».

Y sin embargo, hay unos cuantos contextos en los que no se admite que uno pueda olvidarse de las cosas, se da por sentado que eso no va a suceder.

Por ejemplo, si voy a dar una fiesta, es absolutamente impensable que, cuando aparezca el primer invitado, le diga: «¡Ostras! Me había olvidado de que iba a celebrar una fiesta en mi propia casa». Si me comporto así, me meten en el manicomio.

O si me he olvidado de que he quedado con mi novia y estoy llegando tarde. Es mejor que le diga: «No te lo vas a creer: fui abducido por unos extraterrestres, que me llevaron a una luna de Júpiter. Ahí, entre vapores de metano, me obligaron a copular con varios animales (había uno que me recordó vivamente a la cabra de la Legión). Finalmente, a velocidades hiperlumínicas, me depositaron en la plaza Catalunya, de modo que aquí estoy, un poco tarde, es verdad, pero con este ramo de flores. ¿A que es bonito?». Ella nos dirá, «bueno», reirá, pensará «a fin de cuentas, al menos tiene ingenio», y nos perdonará: «Vale, tonto, pero no me vuelvas a llegar tarde». Al contrario, prueben a decir la verdad: «Me he olvidado de nuestra cita» lleva directamente a «¡tú ya no me quieres!». Es así, lo del amor es un género, en el sentido de *género literario*, al que ingresamos sin darnos mucha cuenta de cómo, pero resulta que tiene sus propias reglas. Uno no se olvida de una cita amorosa, y punto.

O en el ejército, en tiempo de guerra: si estás de guardia y te duermes, como te descubran, estás fusilado. Por imbécil y para dar ejemplo. No valen las excusas.

Entonces, si no valen con el jefe del regimiento, no valen con la novia y no valen con los invitados, ¿por qué en otros contextos sí que valen? ¿Por qué en algunos casos sí y en otros no? Es una muy buena pregunta, la que se hace Freud.

Si fuésemos más coherentes, admitiríamos que, cuando nos olvidamos de algo, alguna intención tenemos. Cuando nos olvidamos de algo, algún sentido tiene eso, no puede ser que no quiera decir nada.

PREGUNTA: *¿Olvidamos lo que no nos interesa?*

Cuál es la razón no podemos saberlo *a priori*. Obviamente, puede suceder que me olvide de determinado propósito porque se trate de algo que no me interesa mucho, pero también puedo olvidarme por otras razones, por ejemplo porque eso me recuerde a otra cosa en la que me resulta doloroso pensar. Que olvide ir a cierto sitio, puede ser porque el sitio me traiga recuerdos penosos o porque ahí me haya visto con una persona que me trae recuerdos penosos, o por cualquier otra razón; lo que no vale es decir: «Ah, me olvidé porque sí, somos así los humanos, nos olvidamos de las cosas». Esa posibilidad queda anulada por los descubrimientos psicoanalíticos.

Otro asunto es que esa interdicción pueda llevarse, en general, a la vida práctica; pero en un ámbito de trabajo analítico, que en última instancia es siempre experimental, sí. Si alguien se olvida, no decimos «pobrecito, se ha olvidado», sino que le preguntamos qué le ha pasado en realidad, es decir, qué intención tenía.

PREGUNTA: *¿Siempre hay una razón?*

Sí, a nivel teórico tenemos que creer eso. Si lo piensas desde el punto de vista de lo que Freud llama la cosmovisión científica [p. 135], todo tiene que tener alguna causa. No hay olvido sin causa, a menos que esté en juego un problema de tipo neurológico, lo que, por lo demás, en sí mismo, ya constituye una causa.

### 4.10.3  El extravío de objetos

Extraviamos los objetos cuando nos hemos molestado con la persona que nos los ha dado o ya no les encontramos utilidad. De hecho, de manera consciente, y en algunos ámbitos, es una costumbre. Antes, cuando se mandaban cartas en papel, era una tradición: rompo con él y le entrego un paquetito con todas las cartas que me mandó, es decir, me deshago de ellas por el expediente de devolvérselas. O las fotos: no quiero tener ningún recuerdo tuyo. La gente más educada las devolvía y los más brutos las tiraban a la basura. A partir de ahí no es difícil dar el paso: he perdido el libro que él me regaló, porque estoy muy enfadada con él.

Freud trae un ejemplo excelente: un señor estaba casado con una mujer a la que encontraba demasiado fría. Ella le regala un libro, y él, inmediatamente, lo extravía, siendo incapaz de encontrarlo, por mucho esfuerzo que haga. Más adelante, con ocasión de una enfermedad de la madre del caballero, su mujer tiene la ocasión de mostrar lo mejor de sí misma.

En ese momento, cuando él ha llegado, de alguna manera, a volverla a querer, se encuentra con que se dirige, como un robot, hacia una cómoda, en uno de cuyos cajones encuentra el libro extraviado.

Es así: a través de los objetos, nos relacionamos con el otro, y con el ambiente. Tampoco es una cosa misteriosa: los niños están siempre con determinados cacharritos, su osito de peluche, su mantita; y las personas mayores, en muchos casos, también. La idea más básica que subyace al *feng shui* —más allá del grado de confianza que pueda despertar esa práctica en cada cual— es muy sencilla: hay objetos que me dan buen rollo, y otros que no, y es mejor estar rodeado de objetos que me den buen rollo. Si al niño le pasa, ¿por qué no le tendría que pasar al adulto? El ser humano es muy sensible, pero parece querer olvidarse de su sensibilidad; muchas veces lo consigue, o se comporta como si lo hubiese conseguido.

### 4.10.4  *Las confirmaciones postergadas*

Precisamente porque la interpretación es una conjetura [p. 182], a veces, la corroboración de esa conjetura requiere esperar y ver qué pasa después.

51  Una recién casada se va de compras con su hermana; yendo por la calle, exclama: «¡Mira, el señor X.». Después se parten las dos de risa, porque «el señor X.» era su marido, con el que se acababa de casar. Lo cuentan muy divertidas a la hora de la cena, pero a Freud, que está presente, no le hace tanta gracia: piensa que si ha hablado de él como si no estuviesen casados, algo raro está pasando. Al

cabo de poco tiempo, efectivamente, el matrimonio se va a pique.

Otro ejemplo genial es el de un famoso quími- 52 co que se olvidó, nada menos, que de acudir a su propia boda. Cuando se dio cuenta de lo que había hecho, fue consecuente con su involuntaria acción y dedicó el resto de su vida a la investigación pura, alejándose de cualquier pretensión de matrimonio. ¿Ven? Lo de «somos humanos, ya lo dice el refrán, *errare humanum est*, todos nos equivocamos» no es aceptable aquí. Uno no se olvida de su propia boda. Y si se olvida, está bien ser coherente.

Probablemente era alguien a quien le habían dicho que casarse era algo fantástico. En esta revista realmente repugnante llamada *¡Hola!* —y que por razones que se me escapan se encuentra invariablemente en la mesa de la sala de espera de todos los consultorios médicos— todavía lo expresan así: «El día más importante en la vida de una mujer», para referirse al día de su boda. En serio, mírenlo la próxima vez que vayan, casi no hay número en el que no lo escriban.

Con lo de ser madre pasa algo parecido. Últimamente, en *La Vanguardia*,[40] han empezado a aparecer artículos sobre madres que no han quedado demasiado satisfechas con esto de serlo, por decirlo

---

[40]Diario —por cierto nada vanguardista— publicado en la capital catalana.

de un modo suave. No son, de ninguna manera, lo que antes se hubiese dado en llamar «madres desnaturalizadas»; no, son personas que quieren mucho a sus hijos e intentan hacer lo mejor para ellos. Pero declaran que, de haber sabido de lo que se trataba, ni locas se hubiesen metido a ello. Esto de que casarse y tener hijos es «lo natural» y además es fantástico, pues no se sabe. Para algunos será fantástico y, para otros, una estafa monstruosa. Claro, te van diciendo que tener a tu hijo recién nacido en brazos es «el momento más bonito de tu vida, lo mejor que te puede pasar» y, como te lo creas, *¡hala!*, como te descuides te encuentras con que tienes cuatro, y después no se sabe si va a ser tan maravilloso como te habían prometido. No puedes devolver el producto durante los primeros treinta días. Y no siempre es especialmente bonito lo que viene después.

INTERVENCIÓN: *Sobre todo, cuando crecen.*

Claro, esto es así. Freud lo dice con toda claridad: la forma más perfecta del hijo, para la mujer, la más satisfactoria, es hasta que tiene un año, cuando todavía no anda ni habla, cuando es manejable, como un muñeco vivo, cuando puedes hacer con él lo que quieras, mientras él te adora y te chupa y te lo pasas bomba. Después todo se complica. Más tarde hay un momento, entre los siete años y los once, aproximadamente, depende mucho del niño, en el que, si pasan por la llamada etapa de latencia,[41] se vuelven «buenos», ya no están todo el día enseñando la pilila, les empieza a interesar el conocimiento, estudian mucho. La madres, que ya intuyen la que se les avecina con las tormentas de la adolescencia, dicen: «¡Ay, si se quedase así toda la vida!». Pero no hay manera, claro; después, van y crecen. Y muchas veces los tienes que aguantar hasta los 50 años.

INTERVENCIÓN: *O toda la vida.*

O toda la vida, claro.

### 4.10.5  *Las acciones casuales y sintomáticas*

Las pequeñas acciones aparentemente casuales, como tocarse la cara o jugar con el pelo, también tienen, aunque parezca mentira, su significado. Siempre pasa, cuando digo esto, que todo el mundo deja de hacer lo que estaba haciendo y pone las manos al lado de las piernas. A lo mejor eso mismo también quiere decir algo.

O las cancioncitas que cantamos o silbamos en la ducha: un día nos despertamos de excelente hu-

---

[41] *Cfr.* la discusión más amplia sobre el tema en el apartado *La sexualidad infantil y la adulta* en la p. 45.

mor, canturreamos mientras nos duchamos, seguimos con eso durante el desayuno, hasta nuestra pareja nos dice: «¡Qué contento estás hoy!». Si os molestáis en parar y reflexionar, e intentáis ver de qué canción se trata, cuál es su letra, dónde la escuchasteis por primera vez, siempre aparece algo importante, en general conectado con los temas que nos han estado ocupando durante los últimos días.

## 4.11    Respuestas a las preguntas sobre *INT* — Continuación

Entre las preguntas suscitadas por la teoría *INT* de la interferencia, hay una, la quinta [p. 158], relativa a las intenciones perturbadoras, de la que no nos hemos ocupado. Vamos a hacerlo ahora.

La habíamos subdividido en dos partes:

5*a*) ¿Qué clase de intenciones son, esas intenciones perturbadoras?, y

5*b*) ¿Qué relaciones tienen las tendencias perturbadoras con las perturbadas?

Examinemos primero la segunda, lo que nos llevará a esclarecer después la primera. Recordemos que, en el ámbito de nuestra pregunta, es válida todavía la restricción de nuestra argumentación a los *lapsus linguae*.

### 4.11.1    *Relaciones entre la intención perturbadora y la perturbada*

Al respecto, Freud escribe:

> *La intención perturbadora en el trastrabarse puede mantener un vínculo de contenido con la perturbada, y entonces incluye su contradicción a ella, su rectificación o su complemento.* [55]

Esto, en una formulación similar, ya lo habíamos encontrado anteriormente. A continuación, añade:

> *O bien, y es el caso más oscuro y el más interesante,[42] la intención perturbadora nada tiene que ver en su contenido con la perturbada.* [55]

Ahora bien: si lo que perturba no tiene nada que ver con lo perturbado, ¿de dónde sale? He aquí la respuesta freudiana:

> *La observación, única que puede dar aquí una respuesta, permite reconocer* [56]

---

[42]Para el detalle, nada nimio, de la relación entre lo oscuro y lo interesante, remitimos al lector al apartado «*Segunda dificultad: del ver al oír*» en la p. 85.

*que la perturbación proviene de una ila-*
*ción de pensamientos que había ocupa-*
*do poco antes a la persona en cuestión,*
*y ahora repercute de esa manera, sin*
*que importe que ya haya encontrado o*
*no expresión en el decir.*

Al respecto, pone un ejemplo bastante divertido. Cuenta que cierto día se hallaba paseando por
los montes Dolomitas, cuando se encontró con unas
señoras. Hay sitios en los que puedes caminar un
buen rato sin ver a nadie; en un entorno así, si te
encuentras con alguien, pues es un acontecimiento.
Suele uno detenerse un rato a conversar, es fácil
que se genere una conversación animada; éste es el
contexto.

Freud, entonces, se encuentra con estas señoras:
podemos imaginar la conversación. —«Qué vista
más bonita» —«Es cierto, y qué día más estupen-
do, además» —«Aunque con este sol, una se trans-
pira mucho», dice una de las señoras, dejándose llevar; «después, cuando llegas a casa...». Y aquí se
produce el *lapsus*: en vez de decir «*Hause*», casa,
dice «*Hose*», pantalón. En vez de decir «a casa»,
dice «a pantalón», en alemán es fácil el equívoco:

H A U   S E
H     O S E

La señora, lo que había estado a punto de decirle a Freud —que a lo mejor le había gustado un poco, ese doctor, tan atento y de apariencia tan culta, ahí, ella y su amiga, solas, en la montaña, con ese señor...—, lo que pensaba, era algo por el estilo de «ay, qué bien se está aquí, ¿verdad, doctor?, qué vista maravillosa, qué sol más bonito. Lástima que se transpire una tanto; aunque, después, al llegar a casa, siempre puede una sacarse los pantalones y las bragas y...». «Un momento», se interrumpe a sí misma; «*¿en serio?*, ¿realmente estás a punto de decirle a este señor, al que no conoces de nada, que estás toda transpirada, *toda mojada*, en fin, y que tienes ganas de quitarte *las bragas*? ¡Frena, frena!». Pero al final se le escapa: en vez de «a casa», termina diciendo «a pantalones». Como si hubiese dicho «a bragas».

## 4.11.2  *Análisis por casos*

En cuanto a la intención perturbadora (5*a*), entonces, podremos también distinguir una serie de casos.

1) En algunos casos, la propia persona se da cuenta de que apartó el pensamiento que constituye la intención perturbadora. Un ejemplo muy claro es «*Vorschwein*» [p. 155]: «Se me ha escapado, yo no quería decir "*Vorschwein*", quería decir

"*Vorschein*", pero como estaba pensando, hace un minuto, que eran *porquerías* (*Schweinereien*), parece que se me ha mezclado».

57     2) En otros casos, dice Freud, «la tendencia perturbadora es de igual modo reconocida por el hablante como suya, pero no sabe que estuvo activa en él justamente antes del desliz. Acepta, entonces, nuestra interpretación pero en cierta medida le produce asombro». Esto correspondería al segundo caso de los «actos fallidos preconscientes», en nuestra clasificación [p. 173].

57     3) «En un tercer grupo, el hablante desautoriza enérgicamente la interpretación de la intención perturbadora». Como ejemplo de este caso, Freud pone el de «eructar por la prosperidad de nuestro jefe» [p. 142]; imagina que el joven que cometió el *lapsus* no quiere saber nada de su posible significado.

### 4.11.3   Una hipótesis implícita

Supongamos provisionalmente que nuestra teoría de la interferencia $INT$ es verdadera, es decir, que funciona en los tres casos. Claramente, el único que nos plantea alguna dificultad es el tercero. Que $INT$ sea verdadera

> *incluye el supuesto de que en el hablante*     57
> *pueden exteriorizarse intenciones de las*
> *que él mismo nada sabe, pero que yo*
> *puedo discernir por indicios.*

Dicho de otra manera: me pueden pasar cosas que no sé que me pasan, pero de las que otro se puede dar cuenta mediante determinados indicios. El psicoanálisis funciona así: la persona que viene a analizarse, sin darse cuenta, nos da indicios de eso que le pasa y que no sabe que le pasa. Sin esos indicios no podríamos trabajar.

### 4.11.4   Un argumento de coherencia

Freud introduce aquí un argumento de coherencia: si aceptamos que la teoría de la interferencia $INT$ se cumple en los casos 1 y 2 anteriores, por coherencia habrá que aceptar que también en el caso 3 $INT$ es verdadera. O, dicho al contrario: sería muy raro que $INT$ se verificase sólo en los casos 1 y 2, pero no en el caso 3.

## 4.12   La concepción dinámica

Leo un párrafo y vamos terminando.

> *Por* [estos ejemplos] *pueden colegir los*     59
> *propósitos de nuestra psicología* [quie-

re decir del psicoanálisis]. *No queremos meramente describir y clasificar los fenómenos, sino concebirlos como indicios de un juego de fuerzas que ocurren dentro del alma, como exteriorización de tendencias que aspiran a alcanzar una meta y que trabajan conjugadas o enfrentadas. Nos esforzamos por alcanzar una* concepción dinámica *de los fenómenos anímicos. Para el psicoanálisis, los fenómenos percibidos tienen que ceder el paso a tendencias sólo supuestas.*

Siempre vamos a buscar, y encontrar, un enfrentamiento de fuerzas. En este caso, las fuerzas son mi intención de decir algo y eso otro que he perturbado y que después, de alguna manera u otra, se toma su venganza reapareciendo y creando el monstruo verbal.

Hay una extrapolación en la que no he insistido, porque vamos justos de tiempo: eso que me perturbó no tiene por qué ser de hace un minuto, ni de hace media hora, sino que puede ser de hace muchos años y, de todos modos, puede aparecer ahí, en el *lapsus*.

Siempre vamos a encontrar un choque de fuerzas: en los actos fallidos, en los sueños, y en los síntomas neuróticos. Esta concepción dinámica, para Freud, es esencial.[43]

---

[43]La discusión sobre la concepción dinámica se retoma en más detalle en la respuesta a las preguntas del apartado *Economía de la represión* en la p. 212.

## 4.13  Preguntas y respuestas

*Los* lapsus *de los niños*

PREGUNTA: *Me he llevado la impresión de que, en los* lapsus, *quieres decir algo pero lo quieres adornar, porque es demasiado crudo lo que vas a decir.*

En algunos casos es así, sí, pero no en todos.

PREGUNTA: *Perfecto. Entonces, ¿eso también les pasa a los niños? Porque parece que ellos son más directos, no le dan tantas vueltas a las cosas, dicen lo que piensan. ¿También les pasa?*

El otro día me contaban algo interesante. Se trata de una familia muy *hippie*, que vivía en Ibiza. Iban en pelotas todo el día; dentro de la casa no había puertas, etc. Los niños, además de ver a sus padres, hermanos y amigos desnudos, si iban a la playa, como en Ibiza hay muchas que son nudistas o seminudistas, estaban acostumbradísimos a ver gente desnuda. Resulta que esta familia, por determinada razón, se tiene que trasladar a Barcelona. Al cabo de sólo tres días, el pequeño viene del colegio y dice, con cara entre de reprimidillo y excitado, como si fuese algo entre gracioso y medio prohibido: «¿Sabes que a Pedrito *se le ha visto el culo?*».

¿Cómo se puede explicar eso, si el niño había visto miles de culos y nunca le había pasado nada? Estábamos discutiendo esto con la persona que me lo contó. ¿De dónde sale eso? Muy probablemente, no se trató de que alguien le hubiese dicho «el culo no se enseña», ni nada por el estilo; lo más plausible es que viese a otro niño, excitadísimo con el tema, «mira, mira, *¡se le ve el culo!*», y se contagiase, por así decir,[44] de la excitación y la modalidad de represión del otro. Ya está en juego la represión, ahí, porque está diciendo «culo» en un tono extraño y poniendo caras raras.

Y esto no hay manera de arreglarlo: por mucho que los padres digan «a mi hijo no le voy a enseñar toda esa basura», da igual. Tú quizá no lo hagas, pero en cuanto los mandes a estudiar ya verás, no hay nada que hacer. Por eso, la gente que se lo puede permitir, monetaria e intelectualmente, y además tiene tiempo, los educa en casa, para no mandarlos al campo de concentración que es el colegio, donde, a la hora del recreo, le van a enseñar con toda seguridad la extorsión, la tortura, el chantaje, la traición; le van a pegar, le van a hacer *bullying*; lo van a volver tarado, por mucho que tú seas una persona de lo más esclarecida, y ahí

---

[44]El término técnico sería «se identificase».

vas a tener una forma de represión que sería perfectamente evitable, si el asunto de la educación se organizase, socialmente, de otra manera.

Si a esto le añades la represión aprendida en la familia, y la propia del niño, debida a sus procesos de crecimiento, ya se ve que habrá ocasión para muchos *lapsus*, para muchos actos fallidos. De modo que sí, claro, los niños también los cometen. Con más ingenuidad que los adultos, te diría yo.

* * *

*Educación y represión*

PREGUNTA: *Entonces, ¿es la educación lo que nos reprime?*

Hay muchas discusiones sobre esto: si lo que nos reprime es la educación o hay algo más. El tema es complejo, porque si a un cachorro humano no se le ponen límites, se convierte en un pequeño dictador, que es lo que está pasando ahora con los niños. Como los padres dicen «pobrecito, no lo quiero traumatizar», le dejan hacer cualquier cosa y el niño se convierte en un maleducado grosero, malvado y manipulador.

Un día estaba cenando con una amiga en una marisquería relativamente cara. En la misma sala había otra mesa a la que se sentaba una familia con un niño de unos cinco años. El niño, primero, se pasó un buen rato caminando por toda la sala y dando fuertes golpes con los pies en el suelo, lo que ya resultaba, de por sí, bastante molesto. Como nadie le indicase nada al respecto, se fue envalentonando, hasta que acabó por saltar ante la madre, dando una patada tremenda, y gritando «¡polla!». A la madre, por lo visto, todo el asunto le parecía deliciosamente divertido, porque se echó a reír con ganas, con lo que el precoz imbécil se sintió alentado a repetir la operación varias veces, obteniendo siempre idéntico resultado.

Como no había manera de cenar tranquilos, recurrí a mi mejor voz de barítono y, dirigiéndome a la mesa de un modo amplio, les anuncié: «Señora, mucho me temo que si no se ocupa usted misma de este niño, voy a tener que hacerlo yo personalmente». Lo curioso fue su reacción: «Anda, siéntate, Pedrito, querido, que a este señor no le gustamos», se trataba de consolar al pequeño orate, que con claridad hubiese estado mejor en una jaula, naturalmente acompañado de su madre. Al final, no tuvimos más remedio que llamar al camarero para que nos cambiasen de sala. La señora estaba cultivando, claramente, un monstruo, a conciencia pero sin consciencia, si entienden lo que quiero decir.

Desde luego, entonces, a los niños hay que educarlos, porque si no se vuelven insoportables. Ahora bien: al educarlos, si te pasas, los conviertes en unos reprimidos crónicos, esto es un problema muy grande. Ahora porque está de moda el «¡pobrecito!, que no se traumatice», pero antes, no: «¡Con los niños, mano dura, que si no se desvían, haz lo que te he dicho, venga!» y, *¡plaf!*, colleja, «¡estúpido, tienes que sacar mejor nota!», y el niño «*¡ay, ay, ay!*» y al final terminaba haciéndose dentista, es decir, obedeciendo todo lo que le decía su mamá: «¡Estudia para dentista, que ganarás mucho dinero!», y el otro, que lo que quería ser era bailarina de claqué, a estudiar odontología, y toda la vida oliendo bocas más bien apestosas y extrayendo dientes podridos. Son esos adultos que uno los mira y da la sensación de que, cuando se peinan, a sus sesenta años, todavía piensan en si la raya que se están haciendo le gustaría o no a su mamá.

Y después, claro, la educación no es el único factor que hace que la gente enferme, porque también están los conflictos interiores, debidos al desarrollo del niño (los estudiaremos en el curso mucho más adelante). Cuando el niño es muy pequeño, transita a toda velocidad del amor al odio sin problema alguno. Tengo al niño encima, llenándome de babas, amoroso perdido, y con la mano intenta coger un caramelo. Yo, que le he dicho cien veces que no, se lo repito, esta vez con energía, y se lo impido por la fuerza; inmediatamente me salta a los ojos. Suerte que son bastante torpes, además de pequeñitos: si fuesen gatos, los humanos estaríamos todos ciegos. Uno lo aparta, claro; enseguida se calma, y ¡de vuelta al amor!, como si no hubiese pasado nada. Impresiona ver cómo se puede pasar tan rápido del amor al odio, porque los adultos ya no podemos hacer ese tipo de cosas. ¿Por qué? Porque de mayores se nos instala la capacidad de detectar las contradicciones, pensamos que el amor y el odio son contrarios, y eso nos genera un conflicto del que el niño, hasta una cierta edad, carece.

Las pasiones de un niño pequeño —que para Freud se engendran a partir de la combinatoria generada por tres polaridades: amor-odio, papá-mamá, y activo-pasivo— no entran en contradicción hasta un determinado momento. Ahí se genera un conflicto interior que, *a priori*, no tiene gran cosa que ver con la educación, sino más bien con la propia estructuración del psiquismo. ¿Cómo se posiciona el niño frente a ese conflicto interior? ¿Qué combinaciones tienen más fuerza para él? ¿Cómo elige, qué elige? Según cómo resuelva, o cómo no resuelva, se van a generar modos de relación con los conflictos, modos de relación con el otro, modos de relación con la realidad, que van a marcar el desarrollo y el futuro del niño.

Por último, está la cuestión de la constitución, que sólo rozaré, para no extenderme demasiado. Nacemos distintos, algo viene ya con el ser, y eso va a contribuir a complejizar todavía más las cosas. O sea que sí, hay una serie de factores distintos de la educación que influyen, y muchísimo, aunque no sean completamente inasequibles ni completamente independientes de la educación.

* * *

*El autoanálisis y el parto de los montes*

PREGUNTA: *Los actos fallidos, ¿uno podría analizarlos en sí mismo, en algunos casos, y en otros no, haría falta un analista?*

Correcto. Para ser más precisos: cuando la tendencia perturbadora es preconsciente o consciente, podemos examinar nuestros propios *lapsus*, pero cuando es inconsciente, no, porque no podemos llegar al inconsciente por autoobservación.

PREGUNTA: *Entonces, si eres psicoanalista, ¿puedes conocer tu propio inconsciente, por ejemplo, interpretándote a ti mismo un* lapsus *de esos inconscientes?*

No, en principio tienes que hacerlo con otro, con otro analista. A esta cuestión, históricamente, se le han dado respuestas completamente opuestas, tampoco quiero comprometeros con una visión determinada. Algunos han dicho que no hay ninguna posibilidad, nunca, bajo ninguna circunstancia, de que un profesional pueda acceder a su propio inconsciente y que esto siempre tiene que hacerse en presencia de otro. Y otros, con los que quizá simpaticemos más, lo que piensan es que *al principio* no tienes ninguna posibilidad, pero que a medida que te vas psicoanalizando, cuando llevas mucho tiempo —mucho tiempo no quiere decir cuarenta años, pero tampoco es suficiente con un par de meses—, poquito a poquito vas captando de qué va, y cuando ya vas pescando de qué va, un cierto sentido de autoanálisis se puede ir instalando.

PREGUNTA: *¿Y no te vuelves loco?*

No, en absoluto. Es muy buena pregunta, porque es un temor muy extendido: si abriese las puertas de lo inconsciente saldría una cantidad de basura tan impresionante que me volvería loco.

En realidad, las cosas son de otra manera: a medida que uno se va familiarizando con el proceso analítico, se va dando cuenta de que eso que se agita dentro de uno y que parece tan terrible que su confesión sería una auténtica catástrofe, una vez está ya dicho, nunca es tan terrible como parecía. Es el no decir las cosas, técnicamente su *represión*, lo que hace que las veamos mucho más grandes de lo que son: uno de los efectos de la represión es deformar, agrandar, lo reprimido.

Por eso Freud recurre, en varias ocasiones, a la metáfora del «parto de los montes». ¿Saben qué es? Se trata de una anécdota divertida, que viene muy a cuento: los montes se ponen a temblar, como si fuesen a partirse en dos; se abre una hendidura, se oye un ruido sordo, profundísimo; uno espera que aparezca un enorme dragón, una criatura monstruosa... y lo que sale, correteando, no es más que un inofensivo y simpático ratoncillo. Así son las cosas. Si uno capta esto, su análisis se facilita muchísimo, pues una y otra vez se comprueba: una vez dicho, pues no era para tanto.

De este modo, y con el tiempo, uno va perdiendo el miedo, se va volviendo más tolerante ante sí mismo. Freud lo expresa con toda claridad en una de las conferencias que vienen después.

> *Quien consigue educarse para autoconfesarse la verdad, nos decimos, queda*    395

> *duraderamente protegido del peligro de
> la inmoralidad, por más que su patrón
> de moral se desvíe de algún modo del
> usual en la sociedad.*

Por eso siempre insistimos en que el psicoanálisis es un traje a medida, no un traje *ready made*. Dicho de una manera quizá demasiado condensada: no se le puede cargar todo a la sociedad, ni se le puede cargar todo a la familia, pero la sociedad un poco enfermante es, y la familia, también. Por tanto, si la sociedad y la familia son enfermantes y me curo, completamente normal no voy a poder ser. Pero si no soy completamente normal, no se me podrá aplicar algo *normal* fabricado en otro sitio.

$$* * *$$

*Psicoanálisis y psicoterapia*

PREGUNTA: *Tiene que haber una parte del inconsciente que tenga unos patrones, para seguir una guía o algo. Por ejemplo, cuando dices lo del* lapsus, *yo puedo llegar hasta el consciente, preconsciente, pero el inconsciente me lo tiene que ver el analista; pero si el analista no me conoce tiene que tener unos patrones y una guía para saber por dónde tirar.*

Creo que he entendido la pregunta, pero estoy pensando en cómo la respondo, porque es un tema muy delicado. Vuelvo a lo que decía al contestar la anterior pregunta, y así lo desarrollo un poco más: si tú piensas que el psicoanalista tiene una guía de patrones de lo que tú tienes en el inconsciente, entonces el analista está aplicando una cosa construida en otro sitio para saber qué te pasa a ti, pero si el analista está aplicando una cosa construida en otro sitio, está funcionando como un psicólogo, no como un psicoanalista.

Al menos en un cierto punto del análisis. También es verdad que los pacientes, al principio, exhiben una regularidad impresionante. Cuando llegan, en general todos te cuentan las mismas cosas, los mismos enganches: con su papá, con su mamá, sus jefes, sus parejas, etc.; las historias son muy parecidas y, por tanto, al empezar, sí que puedes ir un poquito por ese camino, más trillado, de lo ya visto, lo ya conocido. Pero cuando entras en la especificidad de la persona, en el núcleo más íntimo de su historia, cada caso es diferente, absolutamente distinto; y por tanto tienes que fabricar *in situ*, con el paciente, ese traje a medida. Lo fabricas con el paciente, lo fabrica el paciente contigo; y eso no tiene nada que ver con aplicar patrones. Ahí se descubre —lo descubre tanto el paciente como, una y otra vez, el analista— que *son justamente esos pa-*

*trones los que han enfermado al paciente*: le han dicho cómo tiene que ser, le han pedido que sea de determinada manera, le han intentado cambiar... y siempre atentando contra su especificidad, su diferencia. La búsqueda que propone el psicoanálisis, su horizonte —más allá de que se llegue a eso o no en todos los análisis—, es la producción de la diferencia radical, lo que algunos han llamado la *singularidad*, en el paciente. Y esa diferencia radical, como es obvio, no puede estar constituida, ni definirse, ni encontrarse, mediante patrón alguno.

* * *

*Economía de la represión*

*Pregunta: El término «económico» entiendo que se utiliza cuando hay represión y que se pondría en juego una especie de energía. ¿Dónde va esa energía, dónde se guarda, cómo se reprime, cómo se gestiona, cómo se expresa?*

Freud distingue tres aspectos, tres puntos de vista.

Desde el punto de vista *tópico*, las cosas o bien están en el sistema preconsciente-consciencia, o bien son inconscientes.

El aspecto *dinámico* señala las fuerzas en conflicto y la formación transaccional —que siempre están, de un modo u otro, presentes, en la visión freudiana—: en el sueño, encontramos el deseo preconsciente de dormir *versus* el deseo inconsciente, que se tiene que deformar, desfigurar, para expresarse; en el *lapsus linguae*, la tendencia intencional *versus* la tendencia perturbadora, y el monstruo verbal como formación transaccional. Este modelo lo volveremos a encontrar, inalterado, cuando estudiemos los síntomas neuróticos.

El aspecto *económico* tiene que ver con una pregunta aparentemente muy sencilla: *¿quién paga la fiesta?* Es decir, de dónde sale la energía para hacer funcionar el aparato del trabajo del sueño, si nos referimos a los sueños. O de dónde sale, como tú mencionas, la energía para la represión.

Todo esto se verá más claro cuando estudiemos los síntomas neuróticos, pero te lo resumo ahora de un modo muy simplificado. Cuando reprimo algo, es porque me resulta intolerable; desde el punto de vista *tópico*, lo reprimido pasa a ser inconsciente; desde el punto de vista *dinámico*, la lucha se establece entre ese deseo intolerable que va a ser reprimido y el *yo*, que es quien lo considera intolerable: la formación de compromiso va a ser el síntoma mismo; desde el punto de vista *económico*, parte de la propia energía va a tener que ser *destacada*

—«destacada» como en «destacamento militar»— en luchar contra lo reprimido y conseguir que siga estando reprimido, y otra parte de la propia energía va a usarse en sostener el propio síntoma. De hecho, y para ser más precisos, el síntoma expresará a la vez tanto el deseo reprimido como su rechazo. Ya te digo que esto es una súper-simplificación, en la segunda parte del curso lo estudiaremos con todo detalle.

Lo esencial, y lo que no está incluído en la versión popular de la idea de represión, es que ésta es un *proceso*, un proceso siempre activo en quien la padece: lo reprimido pugna por expresarse (es lo que se llama el *retorno de lo reprimido*) y debe ser, por decir así, vuelto a reprimir una y otra vez. No es de extrañar, pues, que si lo reprimido en mí es muy amplio, me vaya quedando progresivamente sin energía disponible, puesto que toda aquella de la que dispongo está empleada en mantener las represiones.

*Pregunta: ¿Es tan sencillo como una balanza: tanta energía tienes, tanta utilizas para reprimir y tanta tienes para vivir?*

En un cierto sentido, sí, es así. Algunos críticos benévolos, como Alan Watts, han bromeado diciendo que lo que Freud estaba haciendo era una especie de *psicohidráulica*, porque es muy amigo de la metáfora de los vasos comunicantes. Pero realmente hay algo que es de ese orden: si reprimo muchas cosas, una parte importante de mi energía estará siendo usada en que eso reprimido no reaparezca, no *retorne*. Por eso estar muy neurótico es agotador, y por eso el psicoanálisis cura: al eliminar las represiones, toda esa energía queda disponible para amar, para gozar, para producir.

* * *

*Pasotismo y psicologismo*

PREGUNTA: *Hay algo que me preocupa: a veces tendemos tanto a buscar una explicación que uno se pasa todo el día como súper-analizando las cosas, y al final uno se dice: quizá no sea necesario, ¿no? Nos volvemos un poco obsesivos, a la hora de encontrar una explicación: ¿por qué he hecho esto, por qué me ha pasado lo otro? Claro que está bien que uno sepa por qué hace las cosas y de dónde vienen, pero algunas veces dices, cuanto más insistas...*

Estoy completamente de acuerdo. Hay una enfermedad que es el pasotismo: «Me he equivocado y ya está; ahora he hecho esto y me da igual; miro seis veces si he apagado el gas y ¿qué pasa?», y uno se dice: *bueno, no sé, tío, pregúntate algo*. Eso es una enfermedad moral, cada vez más frecuente: el *pasotismo*. Pues la enfermedad inversa se llama *psicologismo*: estar todo el día preguntándose el porqué de las cosas, y suponer que todo tiene una explicación, por no decir una excusa, de tipo psicológico. Así no se puede vivir, no sirve para nada, es un parloteo sin sentido y, además, tiende a instalar una perversión, que es lo que podríamos denominar *el inconsciente como coartada*: «Ah, sí, he hecho esto; pero es que —lo he visto en mi análisis— mi mamá...». A los estudiantes, a los pacientes, hay que disuadirlos de hacer esto, porque lo que Freud proponía era una ética de la responsabilidad, no una sociedad de imbéciles irresponsables que jueguen todos al pequeño psicólogo.

El psicologismo tiene aún otro defecto, otra consecuencia: al pretender explicarlo todo mediante el recurso a lo psíquico, obtura toda una serie de otros análisis que son absolutamente necesarios; impide la toma en consideración de los planos ético, político, económico, ideológico, etc.; y, por esa razón, es profundamente estéril en lo práctico, inmovilista en sus resultados, y absolutamente reaccionario en lo político.

# AGRADECIMIENTOS

Este libro es el resultado y testimonio de más de veinte años de existencia del *Curso de Introducción al Psicoanálisis* organizado por el Espacio Psicoanalítico de Barcelona. La primera convocatoria se realizó en la temporada 1996-97, y se ha ido repitiendo, con regularidad, cada año hasta la fecha. A partir de la VII convocatoria (2003-04) se empezaron a abrir grupos de mañana y tarde. Hasta la IX convocatoria (2005-06) fue impartido exclusivamente por el autor, mientras que a partir de la siguiente convocatoria se incorporaron los demás profesores: Mª del Mar Martín, Silvina Fernández, Fabián Ortiz, Olga Palomino y Carlos Carbonell.

Las clases han sido preparadas, en cada ocasión, como si se tratase de la primera vez. Nunca reciclamos los apuntes de los años anteriores, para evitar caer en una repetición monótona que resultaría burocrática, con seguridad aburrida y, en cualquier caso, profundamente insatisfactoria, además de no hacer honor a una asistencia siempre renovada. A los más de 1.500 alumnos que han pasado por el curso y a mis compañeros del equipo docente les quiero agradecer, pues, la oportunidad de haber podido volver, una y otra vez, sobre lo mismo: siempre tuve la fortuna de hallar, en eso mismo, algo diferente, algo nuevo.

Mª Ángeles Ibáñez se tomó el inmenso trabajo de ir leyendo cada una de las diferentes versiones e inundarme, en cada caso, de mejoras comparativas, sugerencias y correcciones. Carlos Carbonell verificó con todo cuidado las citas textuales y la paginación de la obra freudiana. Carlos Carbonell y Fabián Ortiz realizaron las últimas correcciones y ayudaron en la uniformización de estilos de citas, persecución de las siempre huidizas líneas viudas y huérfanas, etc. Laura Blanco, Enric Boada, Norma Cirulli, Juan Carlos De Brasi, Silvina Fernández, Irene Martín, Mª del Mar Martín, David Palau, Olga Palomino y Ana Sáncer leyeron también diferentes versiones del manuscrito y señalaron errores, propusieron cambios y sugirieron mejoras. Les estoy profundamente agradecido a todos.

# BIBLIOGRAFÍA

[1]   *Así se gestó el Estatut.* `http://www.publico.es/espana/` `gesto-estatut.html`. (Visitado 04-2017).

[2]   BAUMAN, Zygmunt. *Modernidad líquida.* 1ª ed. México: Fondo de Cultura Económica, 2003.

[3]   BENACERRAF, Paul. «What numbers could not be». En: *Philosophical Review* (74 (1) 1965), pp. 47-73.

[4]   BLASCO, Josep Maria. *Interpretación, elaboración y aceptación.* `https : / / www . epbcn . com / textos / 2013 / 04 /` `interpretacion - elaboracion - y - aceptacion/`. 12 de mayo de 2012. (Visitado 04-2017).

[5]   DE BRASI, Juan Carlos. *Flechas de pensamientos. Verdinales y meditaciones.* 2ª ed. Barcelona: EPBCN, 2017.

[6]   *El lapsus de Rajoy: "ETA es una gran nación".* `http :` `//cadenaser.com/ser/2007/06/11/audios/1181519416_` `660215.html`. (Visitado 04-2017).

[7]   FREUD, Sigmund. «Conferencias de introducción al psicoanális (Partes I y II)». En: *Sigmund Freud. Obras Completas.* 1ª ed. Vol. 15. Buenos Aires: Amorrortu Editores, 1978.

[8]   FREUD, Sigmund. «La interpretación de los sueños (primera parte)». En: *Sigmund Freud. Obras Completas.* 1ª ed. Vol. 4. Buenos Aires: Amorrortu Editores, 1979.

[9]   FREUD, Sigmund. «Carta al señor Luis López-Ballesteros y de Torres». En: *Sigmund Freud. Obras Completas.* 2ª ed. Vol. 19. Buenos Aires: Amorrortu Editores, 1984, pág. 291.

[10]  FREUD, Sigmund. «Conferencias de introducción al psicoanális (Parte III)». En: *Sigmund Freud. Obras Completas.* 2ª ed. Vol. 16. Buenos Aires: Amorrortu Editores, 1984.

[11]　FREUD, Sigmund. «La interpretación de los sueños (segunda parte)». En: *Sigmund Freud. Obras Completas.* 2ª ed. Vol. 5. Buenos Aires: Amorrortu Editores, 1984, pp. 345-611.

[12]　FREUD, Sigmund. «El chiste y su relación con lo inconsciente». En: *Sigmund Freud. Obras Completas.* 2ª ed. Vol. 8. Buenos Aires: Amorrortu Editores, 1986.

[13]　FREUD, Sigmund. «Psicopatología de la vida cotidiana». En: *Sigmund Freud. Obras Completas.* 2ª ed. Vol. 6. Buenos Aires: Amorrortu Editores, 1986.

[14]　FREUD, Sigmund. «Lecciones introductorias al psicoanálisis». En: *Biblioteca Sigmund Freud. Obras Completas.* 1ª ed. Vol. 6. Madrid: Biblioteca Nueva, 1997, pp. 2123-412.

[15]　FREUD, Sigmund. «El yo y el ello». En: *Sigmund Freud. Obras Completas.* 2ª ed. Vol. 19. Buenos Aires: Amorrortu Editores, 2000, pp. 1-66.

[16]　FREUD, Sigmund. «Introducción del narcisismo». En: *Sigmund Freud. Obras Completas.* 2ª ed. Vol. 14. Buenos Aires: Amorrortu Editores, 2003, pp. 63-98.

[17]　FREUD, Sigmund. «Más allá del principio de placer». En: *Sigmund Freud. Obras Completas.* 2ª ed. Vol. 18. Buenos Aires: Amorrortu Editores, 2004, pp. 1-62.

[18]　FREUD, Sigmund. «¿Pueden los legos ejercer el análisis? Diálogos con un juez imparcial». En: *Sigmund Freud. Obras Completas.* 2ª ed. Vol. 20. Buenos Aires: Amorrortu Editores, 2004, pp. 165-242.

[19]　HARARI, Yuval Noah. *Homo Deus. Breve historia del mañana.* 1ª ed. Barcelona: Debate, 2016.

[20]　HAWKING, Stephen y MLODINOW, Leonard. *El gran diseño.* 1ª ed. Barcelona: Crítica, 2010.

[21]　JONES, Ernest. *Vida y Obra de Sigmund Freud.* 4ª ed. Vol. 2. Buenos Aires: Horme, 1989.

[22]　JULLIEN, François. *Cinco conceptos propuestos al psicoanálisis.* 1ª ed. Buenos Aires: El cuenco de plata, 2013.

[23]  JÁUREGUI, Pablo. *Stephen Hawking: «No hay ningún dios. Soy ateo».* http://www.elmundo.es/ciencia/2014/09/21/541dbc12ca474104078b4577.html. (Visitado 04-2017).

[24]  *"Los catalanes hacen cosas" y otras históricas ocurrencias del PP de Rajoy.* http://www.eldiario.es/politica/esquizofrenia-PP-Cataluna_0_424858072.html. (Visitado 04-2017).

[25]  OLBRECHTS-TYTECA, Lucie y PERELMAN, Chaïm. *Tratado de la argumentación. La nueva retórica.* 1ª ed. Madrid: Gredos, 1989.

[26]  *Wikipedia: Moncho Borrajo.* https://es.wikipedia.org/wiki/Moncho_Borrajo. (Visitado 04-2017).

[27]  *Wikipedia: Pierre-Simon Laplace.* https://en.wikipedia.org/wiki/Pierre-Simon_Laplace. (Visitado 04-2017).

# ÍNDICE

# SOBRE LOS AUTORES

**Josep Maria Blasco Comellas** (Barcelona, 1960) es licenciado en Matemáticas por la Universidad de Barcelona (1982), informático y psicoanalista. Ha cursado estudios de doctorado en Informática (Facultat d'Informàtica de Barcelona, Universitat Politècnica de Catalunya) y Lógica y Fundamentos de las Matemáticas (Departamento de Lógica, Historia y Filosofía de la Ciencia, Facultad de Filosofía, Universidad de Barcelona).

En 1996, funda el Espacio Psicoanalítico de Barcelona (EPBCN), que codirige con Juan Carlos De Brasi desde 2000 hasta 2017. Actualmente, es director del EPBCN.


Balmes, 32, 2º 1ª
08007 Barcelona
+34 93 454 89 78

jose.maria.blasco@epbcn.com
https://www.epbcn.com/equipo/jose-maria-blasco/
https://www.epbcn.com/web/jose-maria-blasco/

**Carlos Carbonell** (Barcelona, 1973) es licenciado en Ciencias de la Comunicación por la Universidad Autónoma de Barcelona (1996), periodista y psicoterapeuta.

En 2009 inicia su formación en el Espacio Psicoanalítico de Barcelona. Actualmente, es profesor en el Ciclo Introductorio de dicha institución y psicoterapeuta en el Gabinete de Psicoterapia.

Balmes, 32, 2º 1ª
08007 Barcelona
+34 93 454 73 90

ccarbonell@psicoterapiabcn.com
https://www.psicoterapiabcn.com/profesionales/
carlos-carbonell/

Colección Cuadernos mínimos

1. Juan Carlos De Brasi, *Apreciaciones sobre la violencia simbólica, la identidad y el poder*
2. Juan Carlos De Brasi, *Notas mínimas para una arqueología grupal*
3. Mª del Mar Martín, *La piel del alma. Sobre la traición*